マーケティング概論

奥本勝彦 編著
林田博光

中央大学出版部

はじめに

　マーケティングが研究され始めて，およそ一世紀が経とうとしている．その間にさまざまな研究が行われ，また企業も消費者も大きく変化してきた．当然企業のマーケティング戦略も大いに変化し，発展してきた．

　今日では，消費者欲求が個性化し，多様化してきており，相変わらず，販売がなかなか困難な状況にある．それは，商品やサービスばかりではなく，ありとあらゆるものについていえるようである．たとえば，商品やサービスにとどまらず，スポーツを行うにも観戦するにしても，観光に出かけるにしても，史跡を尋ねたり，自然を楽しんだり，買い物を楽しんだりとさまざまな形となって表れている．つまり，消費者欲求が個性化し，多様化している．したがって，今日では，企業が作れるものを作るのではなく，消費者あるいは顧客が欲求し，価値を見出す商品やサービスを作らなくてはならなくなった．つまり，顧客価値を重視しなければならなくなったといえよう．

　それと同時に，企業が多くのマーケティング戦略を計画し，実施してきたことから，それらを扱うマーケティング論もいっそう高度化し，精緻化されるようになってきている．

　このような状況にあって，初学者として学習すべきことをまずはじめに取り扱うようにした．この基礎が十分学習されていなくては，より高度なマーケティング論やマーケティング戦略を理解することはむずかしくなると思われたからである．その上で，最近企業によって採用されているいくつかのテーマについても取り扱うようにした．

　最後に，本書は故及川良治先生の学識に触発された9名が執筆したものであり，ささやかでも先生への報恩になれば幸いである．また，本書の完成は，雑事もあり，あまりにも異なる状況にあった各章の担当者の原稿を鶴首していただいた出版部平山勝基氏のお陰である．深く感謝申し上げます．

編著者　奥　本　勝　彦
　　　　林　田　博　光

目　次

はじめに

第1章　マーケティングの生成と展開……………………………1
- 第1節　マーケティング史の時代区分をめぐって……………………2
- 第2節　マーケティング・フォークロアの時代………………………4
- 第3節　マーケティング生成時代………………………………………6
- 第4節　マーチャンダイジングの時代…………………………………8
- 第5節　マーケティング・エクステンションの時代………………11
- 第6節　戦略的マーケティングの時代………………………………15

第2章　マーケティング・アプローチと社会的マーケティング…19
- 第1節　伝統的アプローチ………………………………………………19
- 第2節　現代的マーケティング・アプローチ………………………26
- 第3節　社会的マーケティング………………………………………30

第3章　戦略的マーケティングとマーケティング・マネジメント…35
- 第1節　現代のマーケティングの体系………………………………35
- 第2節　ドメインの策定………………………………………………37
- 第3節　事業ポートフォリオ分析……………………………………40
- 第4節　競争構造の分析………………………………………………44
- 第5節　競争戦略の選択………………………………………………47
- 第6節　マーケティング・マネジメント……………………………53

第4章　消費者行動分析…………………………………………………55
- 第1節　消費者行動分析とマーケティング戦略……………………55

第 2 節　消費者行動の分析次元：個人と集団……………………………55
　第 3 節　個人としての消費者……………………………………………56
　第 4 節　集団としての消費者……………………………………………67
　第 5 節　ポストモダン消費者研究………………………………………70

第 5 章　マーケティング情報システムとマーケティング調査 ……73
　第 1 節　マーケティング情報システムの位置づけ……………………73
　第 2 節　マーケティング情報システムとマーケティング調査の関係………76
　第 3 節　マーケティング調査の定義とその範囲………………………77
　第 4 節　一次データと二次データ………………………………………77
　第 5 節　定量的データと定性的データ…………………………………78
　第 6 節　マーケティング調査の実施……………………………………79

第 6 章　製 品 計 画………………………………………………………91
　第 1 節　製品計画の重要性………………………………………………91
　第 2 節　製 品 概 念………………………………………………………93
　第 3 節　製品ミックス……………………………………………………95
　第 4 節　製品ライフサイクル……………………………………………97
　第 5 節　新製品開発 ……………………………………………………101

第 7 章　価 格 政 策……………………………………………………109
　第 1 節　価格（概念・設定領域・目標）……………………………109
　第 2 節　価格設定方法…………………………………………………111
　第 3 節　新製品の価格設定……………………………………………118
　第 4 節　価 格 管 理……………………………………………………120
　第 5 節　価格安定政策…………………………………………………123

第8章　マーケティング・チャネルと物的流通 …………127
- 第1節　マーケティング・チャネルと物的流通の概念 ………127
- 第2節　マーケティング・チャネルの意義と中間業者の利用 …………128
- 第3節　マーケティング・チャネル戦略 ……………130
- 第4節　物 的 流 通 ……………136

第9章　卸売マーケティング ………………141
- 第1節　卸売業とは何か ……………141
- 第2節　卸売業の歴史 ………………143
- 第3節　卸売業の存立基盤 …………144
- 第4節　卸売業の機能 ………………146
- 第5節　卸売業を取り巻く状況 ……149
- 第6節　流通革命と問屋無用論 ……151
- 第7節　卸売業のマーケティング …154
- 第8節　お わ り に …………………160

第10章　小売マーケティング ………………163
- 第1節　小売マーケティングとは …163
- 第2節　小売マーケティングのプロセス ……………165

第11章　マーケティング・コミュニケーション ……………183
- 第1節　コミュニケーションとマーケティング ……183
- 第2節　プロモーションとしてのマーケティング・コミュニケーション…185
- 第3節　4P全般にわたるコミュニケーション ……188
- 第4節　IMC（統合型マーケティング・コミュニケーション）……193
- 第5節　変貌するメディア環境とマーケティング・コミュニケーション…195
- 第6節　地球環境問題とマーケティング・コミュニケーション …………200

第12章　国際マーケティング …………………………………………205
　第1節　国際マーケティングの基礎 ……………………………………205
　第2節　国際マーケティング環境 ………………………………………207
　第3節　国際マーケティングにおける4つのP ………………………210
　第4節　海外進出の形態 …………………………………………………214
　第5節　現地化とコミュニケーション …………………………………217
　第6節　おわりに──国際マーケターに求められるもの ……………219

第 1 章

マーケティングの生成と展開

　これまでにマーケティングとは何か，つまりマーケティングの定義や概念については，さまざまに議論されてきた．しかし，定義や概念は統一の見解を見ることがなく，それぞれの論者のものが相対的に並立しているかのような観がある．ただ，マーケティングの生成と展開（歴史）を振り返るうえでは，マーケティングとは何かという概念規定は非常に重要なものとなる．つまり，概念規定をしておかなければ，これまでのマーケティング史が記述されてきたごとく，総花的・相対的な記述に終始してしまうからである．「あれもマーケティング，これもマーケティング」という状況である．詳らかなマーケティング概念については他に譲るが，本章では，マーケティングを主に製品，価格，流通，コミュニケーション活動を通じての売手（供給者，マーケター）の「市場対応」としてとらえて，生成と展開を見ていきたい．また，どの分野の歴史研究においても歴史の転換点が存在する．それを歴史区分とするならば，マーケティングの生成と展開を見ていくうえでも重要なものとなる．そこで，マーケティング史の時代（時期）区分をマーケティング活動の量的変化ではなく質的変化を中心として区分したうえで見ていきたい．

第1節　マーケティング史の時代区分をめぐって

マーケティングの生成・展開については，バーテルズ（R. Bartels），ケイス（R. J. Keith），キング（R. L. King），スコーエル（W. F. Schoell）・ギルティナン（J. P. Guiltinan）らがそれぞれの時代区分を示し，解説している．

バーテルズは，①発見時代（1900年〜1910年），②概念化時代（1910年〜1920年），③統合時代（1920年〜1930年），④発展時代（1930年〜1940年），⑤再評価時代（1940年〜1950年），⑥再概念化時代（1950年〜1960年），⑦分化時代（1960年〜1970年），⑧社会化時代（1970年〜）に区分した[1]．細分しているが，区分年代が示すように10年ごとに区分したという極めて便宜的なものである．

ケイスは，自ら勤めていた製粉会社であるピルスベリー（Pillsbury）社を例にとって，①生産志向時代（1869年〜1930年），②販売志向時代（1930年〜1950年），③マーケティング志向時代（1950年〜1960年），④マーケティング・コントロール時代（1960年〜）に区分した[2]．この時代区分は，ピルスベリー社という一個別企業の活動展開をマーケティング史全体に当てはめようとしたものである．一般的にこのケイスの時代区分が，長くマーケティング史の時代区分に用いられ，アメリカでの通説となっている．

また，キングは，①生産志向時代（1900年〜1930年），②販売管理志向時代（1930年〜1950年），③マーケティング・コンセプト時代（1950年〜）の3時代に区分した[3]．さらにスコーエル・ギルティナンは，①生産重視時代（1600年代〜1900年），②販売重視時代（1920年〜1949年），③マーケティング・コンセプト時代（1950年〜1960年），④環境重視時代（1960年代後半以降）としている[4]．一般に歴史には連続性（継続性）があるものだが，生産重視時代の終わりである1900年と次の販売重視時代のはじまりである1920年の間にその断絶があり，この区分には連続性がない．

アメリカでの通説になっているケイス説を批判したのは，ホランダー（S. C. Hollander 1986）とフラートン（F. A. Fullerton 1988）である．そのうえ

でフラートンは，自らも時代区分を提示した．①先行時代（1600年頃～1830年），②発生時代（1830年～1870年），③制度的発展時代（1870年～1930年），④洗練と定式化時代（1930年～）とした．しかし，この経済史的な時代区分は，20世紀に入ってからのマーケティングの発展内容をほとんど一括りにしており極めて大雑把なものであるという批判もある[5]．

アメリカにおける時代区分とは異なり，日本では，異なった時代区分がなされている．日本における時代区分は，マルクス経済学的アプローチを採る研究者達によって形成された．そのために生産過程や生産側における資本の巨大化と独占化に過度の強調があるが，歴史的状況との対応には注意深い配慮がなされている[6]．日本における時代区分は，①マーケティング生成の時代（1900年～1920年），②高圧的マーケティング（high pressure marketing）の時代（1920年～1930年），③低圧的マーケティング（low pressure marketing）の時代（1930年～1950年），④マネジリアル・マーケティング（manegirial marketing）の時代（1950年～1970年），⑤ソーシャル・マーケティング（social marketing）の時代（1970年～）に区分されている．これらは日本で出版される最近のマーケティングのテキストでもほぼ踏襲されている．

しかし，大きく括られた時代の中には，たとえば，世界的には①の時代には，第一次世界大戦，③の時代には，第二次世界大戦，局地的にいうと日本では④の時代には，高度経済成長期があり，現在も含まれる⑤の時代には，石油ショックを経験し，その後の低成長，バブル経済とその崩壊，そして21世紀になっても長く続いている不況がある．これらは，マーケティング活動にも大きな影響を与えている．したがって，マーケティング活動に大きな質的変化を起こす事象が，1つの時代区分の中に包含されていることには疑問が残る．

そこで，本章では，大きな戦争を契機として社会的システムのすべてが影響を受けるという視点とすべての物事には作用とその反動としての反作用が存在するという視点から，以下のように時代区分した．そのうえで，マーケティング生誕の地といわれるアメリカでの展開を中心としてそれぞれの時代を見ていきたい．

1）マーケティング・フォークロア（marketing folklore）の時代（植民地時代から南北戦争のはじまりまで）
2）マーケティング生成（birth of marketing）の時代（南北戦争後から第一次世界大戦まで）
3）マーチャンダイジング（merchandising）の時代（第一次世界大戦から第二次世界大戦まで）
4）マーケティング・エクステンション（marketing extention）の時代（第二次世界大戦からその体制崩壊まで）
5）戦略的マーケティング（strategic marketing）の時代（政治，経済体制の劇的変化後から現在）

第2節　マーケティング・フォークロアの時代

アメリカの歴史は，コロンブスの新大陸到達によるヨーロッパの植民地としてはじまった．それ以前には，アメリカ・インディアン同士が原始的取引を行っていたにすぎなかった．原始的取引とは，塩，魚などと鳥の羽を交換するようなものであった．16, 7世紀になり，インディアンは，白人との原始的交換をはじめた．そして，さらに進んだ交換は，白人の商人が，ヨーロッパから移住してきたことによってはじまった[7]．当時，アメリカ経済の中心は農業であり，大規模工業は存在せず，原始的な工業が細々と営まれていたにすぎなかった．このころ，萬屋的商人が存在し，植民地経済を掌握していた．港の近くに住んでいた商人は個人であらゆる種類の生産物の輸入，輸出，卸売，小売を行っていた．彼らは，売買だけでなく，金融や輸送も担当していた[8]．

1773年のボストン茶会事件を契機にアメリカ独立戦争がはじまり，1776年に独立宣言がなされ，アメリカ合衆国と称するようになった．その後，商業資本家は，海運業や貿易に専念し，1812年の第二次独立戦争に至るまで，製造業には積極的投資をしなかった．

19世紀はじめ，人口の西部への移動が始まり，半世紀の間にオルゲニー山脈

以西の地域に人口が移動した．1816年には，蒸気船のミシシッピ川遡行が可能になり，アメリカ大陸南北の運輸交通が可能になった．そして，1820年までに新しく設立された運輸会社が，代理商やジョバー（jobber）に利用され，商品が大陸内部から広く移動するようになった[9]．その後，1830年には，ボルチモア・オハイオ線が開通し，交通機関の発達により商品流通も大きく変化した．分業の発達と各種産業の地理的な分散のために中間商人が必要になったのである．そして，南北戦争の頃までには，各種の中間商人が分化発達したことで，流通機構は複雑化していった．イギリスで先行した産業革命は，アメリカでは，1810年代から1860年代にかけて起こった．

　19世紀の初頭，小売を主に担当したのは，行商人と公共市場（パブリック・マーケット），萬屋であった．どこの町にも公共市場はあったが，1860年になると衰退しはじめ，萬屋であるゼネラル・ストア（general merchandising store）が典型的な小売店となった．これは日本においても百貨店を除けば，第二次大戦後までは同じ状況であった．また，ゼネラル・ストアは1年に1，2度開かれる市場で商品を仕入れていたが，次第にニューヨーク市などの問屋の派遣販売人から小売店が買い入れるようになった．また，19世紀の中頃からは，大都市では，小売店が規模を拡大するようになり，百貨店へと成長するものもあった．また，代金を後で支払うという掛による販売から19世紀初頭には現金販売政策が現れ，定価政策も1820年，さらに返金保証も1840年代には行われていたといわれる．19世紀のアメリカの流通機関（流通担当者）をポーター（G. Poter）・リブセイ（H. C. Livesay）は，ゼネラル・マーチャント（general merchant），ブローカー（broker）またはファクター（factor），コミッション・マーチャント（comission merchant），ジョバー，マニュファクチャーズ・エイジェント（manufacturers' agent）の5つに分類した．このほかに，自立的行商人であるペドラーや企業従属型行商人であるドラマー（drummer），トラベリング・セールスマン（travelling salesman）なども登場した[10]．マーケティング・フォークロアの時代は，市場対応するというマーケティングのさまざまな手法や要素がバラバラであり，まとまりを持ったものではな

く，それぞれが市場対応活動を明確には意識せず，慣習的に行い，継続して活動をしはじめたにすぎなかった時代である．

第3節　マーケティング生成時代

アメリカでは，1860年までに3万マイルの鉄道が敷設され，1869年には太平洋まで達した．企業規模は南北戦争以前は小さかったが，戦争により，工業生産，農業生産が著しく発展した．また，南北戦争以後は，アメリカ経済は，海外市場志向型から国内市場志向型へ転換していった．メーカーは，生産体制や財務状態を安定化させ，次第に市場に目を向けはじめた[11]．独立戦争後，農民たちが，肥沃な土地を求め，急速に西方にフロンティア・ラインを押し進めた西漸運動は，1880年代に終焉を迎え，1890年代には消滅した．フロンティアが絶えず移動し，国内市場の地理的拡大が可能であった時代は，資本間競争は緩かであった．しかし，国内市場の地理的拡大が限界に達すると資本間競争が激化するようになった．つまり，西部開拓時代の後，東海岸から西海岸までの全北米大陸という広大な市場の誕生と，国内市場の地理的拡大の限界により，市場は，供給過剰となり，販売問題が起こった．特に農産物の供給過剰と工業製品の飛躍的な生産量の拡大が新しい市場対応の方法を求めた．また，1880年までは，農産物の生産額は，工業製品の生産額を上回っていたが，19世紀末には工業製品の生産額が農産物の約2倍になった．したがって，1880年代にアメリカは，農業国から工業国へと急展開したのである．

このような状況の中で，市場獲得のために売手は価格政策（値引き，値下げ）を展開したが，競争が破滅的になることから，組織的，体系的な問題解決のために市場対応の方法としてマーケティングが誕生した．大量生産により生産された生産物・製品を受容できるように市場を拡大するため，全国広告が用いられ，そのために製品差別化，パッケージング，ブランディングが積極的に行われることになった[12]．つまり，当時のマーケティングとしてとらえられる活動は，破滅的な価格競争回避のための非価格競争中心の市場対応であったといえ

この時期の個別企業の活動では，当時通信販売小売業を手がけていたシアーズ・ローバック（Sears, Roebuck & Co.）は，1893年に自社の印刷工場を設立した．また，1908年には自動車メーカーであるフォードがT型フォードを発表し，1911年には，カーティス社（The Curtis Publishing Company）が，広告部門の一部門としての商業調査部門を設置し，その後，ゼネラル・モーターズ社（General Motors Company）も続いた．1912年には，南カリフォルニアでは，セルフ・サービス店が開店し，1913年には，A&P（Atlantic and Pacific Tea Company）が安売り店を展開しはじめた．その翌年，第一次世界大戦が起こった[13]．

　「マーケティング」という言葉は20世紀初頭に誕生したといわれている．しかし，流通取引実務の研究・教育の初期においては，使用されておらず，商取引（trade），商業（commerce），流通（distribution）が一般的であった[14]．
　最初にマーケティングという言葉が現れたのは，1902年，ミシガン大学の広報「アメリカ合衆国の流通・調整産業」（The Distributive and Regulative Industries of the United States）の講座の解説で「商品マーケティングのさまざまな方法（various methods of marketing goods）」の中であったといわれている．また，1905年にペンシルヴァニア大学で，クローシ（W. E. Kreusi）が「製品マーケティング」（The Marketing of Products）という講座名で担当したのが大学の講座では，最初といわれている．その後，1909年，ピッツバーグ大学，1910年にウィスコンシン大学でも，講座名に「Marketing」が付された講座が開設された．
　さらに，研究課題では，1912年にショー（A. W. Shaw）が，「市場配給に関する若干の問題（The Problems of Market Distribution）」として，マーケティングを体系的にまとめた．また，1916年にはウェルド（L. D. H. Weld）が『農産物マーケティング』（The Marketing of Farm Products）を出版し，翌年には，バトラー（R. S. Butler）が『マーケティング諸方法』（Marketing Meth-

ods）を出版した[15]．

　バーテルズは，20世紀初頭に各大学がマーケティング関連の講座を開設したのは，個別企業の要請というよりもむしろ社会的問題が背後にあったことを指摘している．たとえば，ウェルドによる農産物マーケティング研究は，農産物を生産地から消費地までいかに効率的に移動させるかという問題意識からである．つまり，生産と消費の懸隔を社会的に架橋するという今日では流通問題として扱われている部分である．これは社会経済的マーケティングであり，いいかえればマクロ・マーケティングが，マーケティング研究開始時の関心事であったといえる．

第4節　マーチャンダイジングの時代

　20世紀のはじめは，アメリカ経済は海外需要の拡大に支えられて順調に成長した．しかし，第一次世界大戦が終わり，1920年代に入ると，それまで順調であった海外需要が停滞しはじめ，不況に陥った．その原因は，軍需の減少と戦争で疲弊したヨーロッパ諸国が復興しはじめ，アメリカ製品の需要が減少したためであった．絹織物，ゴム，自動車工業の不況は著しかったが，ヨーロッパからの需要が途絶えたために農業はさらに厳しかった[16]．当時の商務長官フーバー（H. Hoover）により，政府は，産業における無駄排除と産業合理化を1920年から1928年にかけて推し進めた．その結果，生産技術の発達と製品の標準化，規格化，定型化をベースに大量生産体制が導き出された．そして，アメリカの製造工業における電化程度は，1919年の59%から29年には82%になった[17]．また，フォードなどが先陣を切ってベルトコンベアを導入し，フォード・システムと呼ばれる流れ作業組織による機械生産のスピード・アップ化が普及した．

　同時期に多くのメーカーでは，大量生産に支えられて，マス・マーケットをいかに開拓・維持していくかという課題に対して積極的に取り組むことになった．そこで大量生産方式に対応させるために中間商人の排除，流通過程におけ

る無駄排除を実行しようとした．その一方で，専門セールスマンや巡回セールスマンが著しく増加し，個別訪問販売が行われたり，企業が販売部門を再組織化し，販売促進部を設置するなどの積極的な販売が行われた．また，自動車の大量生産と販売金融会社の設立により，これまでは，自動車といえば，富裕層の乗り物であったが，割賦販売の積極化により，分割で購入が可能となり，その結果として，消費者に信用販売で購入させる高圧的信用供与が顕著になった．

さらに，全国規模の計画的大量販売が実行され，広告宣伝は活発になった．ラジオも普及し，全国規模の広告宣伝が激化し，広告表現も刺激的となり，スローガンを活用するなどのいわゆる高圧的広告を中心として展開した．これらメーカーの姿勢は，消費者のニーズを多少軽視する姿勢もあったといわれている．つまり，企業は，大量生産体制により生産した製品をいかに市場に押し込むかという「高圧的」姿勢であったので，「高圧的マーケティング」と呼ばれることもある．そして，このようなマーケティングを続行し，有効にするために，市場の状況を把握することが重要になり，市場分析や市場調査が重視されるようになった[18]．

1929年10月24日木曜日，ニューヨークのウォール街の株の大暴落に端を発した大恐慌を契機として，大企業は過剰設備を抱え，中小企業の倒産が相次いだ．失業者は増大し，労働者の賃金は切り下げられた．大恐慌を克服するためにF.ルーズベルト大統領は，「ニューディール政策」を掲げた．ニューディール政策の一環としてのNIRA（National Industrial Recovery Act）やAAA（Agricultual Adjustment Act）が実施され，マーケティング活動もその影響を受けた．その後，第二次大戦まで，有効需要政策やロビンソン・パットマン法（Robinson-Patman Act），ミラー・タイディングス法（Miller-Tydings Act）などのようにマーケティングが国家の政策の影響を受けるようになった[19]．

企業がこれまでの高圧的販売，高圧的広告，高圧的信用供与により展開してきたマーケティング政策も変化を余儀なくされた．企業は，「高圧的マーケ

ティング」を展開する中では，これまで消費者ニーズなどの消費者欲求をそれほど考慮していなかったが，それを見いださなくてはならなくなった．それは市場調査をもとに製品政策や広告，サービス重視の販売活動に傾注する大恐慌前までの「高圧的マーケティング」とは異なった消費者（顧客）志向である「低圧的マーケティング」であった．その根底にあったのは，「消費者は王様」や「消費者が出発点」という消費者主権の考え方であった．このような傾向に対応して，消費者志向的な製品計画としてのマーチャンダイジング（merchandising）が登場し，マーケティング活動の中心的地位を占めるようになった．しかし，それ以前からも，フォードがT型フォードに固執し，同種製品の大量生産により，コストを下げ，販売価格を引き下げればよいという相変わらずの生産者視点による生産や販売活動を継続していたのに対し，GMは消費者の嗜好を取り入れたさまざまなバリエーションをマーチャンダイジングに取り入れるなどの活動をはじめていた．

また，大企業は，高揚する労働運動や消費者運動，そしてニューディール政策後期に強まった政府の公的規制に対応を迫られた．その対応の表れは，企業活動のさまざまな側面について，企業が関わりを持つあらゆる利害集団に対して行う広報活動であるパブリック・リレーション（PR：Public Relation）活動が重視されるようになってきた[20]．

消費者に重点をおいた技術革新は，流通面ではスーパーマーケットの革命的な登場であった[21]．スーパーマーケットは，1930年に，ミカエル・カレン（Michael Cullen）が，ニューヨーク州ロングアイランドのジャマイカでキング・カレン・ストア（King Cullen Store）を開業したことにはじまるとされる．スーパーマーケットは，大恐慌の影響により経済状態が悪化していたために，価格をすべてに優先させ，セルフ・サービスと薄利多売方式を中心として，消費者への低価格販売を断行し，小売業界に革新を引き起こした[22]．また，1931年テキサス州ダラスにおいて，ハイランド・パーク・ショッピング・ビレッジ（Highland Park Shopping Village）というショッピングセンターの原型が建設され，1937年にヒューストンでは，リバー・オークス・ショッピングセンター

(River Oaks Shopping Center) が建設され，最初の近代的建築様式である天蓋（モール）が用いられた[23]．

1930年代には，急速に舗装道路網が整備され，トラックによる都市間の商品輸送が急速に増加した．トラック自体の改良もあり，空気タイヤの装着，そして大型トラックが製造された．トラック輸送は，鉄道輸送に比べて，取り扱い費用と荷造り費用を減らし，輸送経路や商品の輸送時間も短縮されるという優位性を持っていた．このため，2，3の流通段階が排除されたといわれている[24]．

アメリカにおけるマーケティング研究は，大恐慌を転機として個別企業的視点が中心となっていった[25]．それは，恐慌のために市場が狭隘化する中で，商品流通が個々の企業にとって大問題となり，企業のマーケティング活動に新しい展開を迫った．マーケティング研究のはじまりは，社会経済的マーケティング研究であり，マクロ・マーケティング研究といえるものであったが，大恐慌後のマーケティング研究は個別企業の視点に立ったミクロ・マーケティング研究が顕著になった．大恐慌以降のミクロ・マーケティング研究の展開は，「市場調査」とそれに基づいた「マーチャンダイジング」が中心であった[26]．市場調査による結果が，マーチャンダイジングに利用されるという意味において，大恐慌を契機にマーケティングの新しい展開が見られるようになった[27]．また，現在でも流通業は「マーチャンダイジングにはじまりマーチャンダイジングに終わる」といわれているが，流通業特に小売業では商品品揃えという意味でのマーチャンダイジングと消費者へのさらなる価格訴求が見られはじめ，スーパーマーケットなどの新しい小売業が現れたのである．

第5節　マーケティング・エクステンションの時代

第二次大戦後のアメリカの自動車産業は，戦時中は軍需生産体制であったために，抑制されていた需要が一気に顕在化し，空前の活況を呈した．自動車産

業に代表されるように，民間需要が顕在化したためにそれまで予想された恐慌は起こらなかった．そして，第二次世界大戦によりアメリカの資本主義経済の構造的変化は寡占競争の様相が強くなった．それは，戦後の設備投資が，大戦中の技術革新を受け継いだためである．

　技術革新の中心は，生産工程のオートメーション化と新製品開発であった．それにより出現した製品には，テレビ，プラスティック，抗生物質などがある．また，マス・メディアにより，新製品が市場に紹介された．新製品開発には，巨額投資が必要であり，急速な技術革新競争により絶えず陳腐化の危機に晒された．そして，事業経営の基礎は顧客であり顧客が存在してはじめて企業が存在し，企業の事業的・生産的意欲の基礎は顧客にあるという「顧客志向」が経営理念となっていった．前期に芽生えた消費者主権の発想から顧客志向が企業のマーケティング理念となった．しかし，顧客志向をマーケティング理念としながらも，企業は絶えず新製品を開発し，計画的陳腐化を促進させ，商品の寿命が短縮化された．この時代に，耐久消費財における計画的陳腐化政策もはじまった[28]．

　1950年以降，市場調査はさらに発達し，消費者信用も拡大した．そして，広告もテレビの登場により，拡大し，訴求をより強化した．また，大企業のプロモーション活動の促進を請け負う広告代理業が次々と誕生した．

　第二次世界大戦後のアメリカ小売業では，スーパーマーケットは取扱商品を増加させ，食料品小売業としての地位を築いた．そして，郊外地域の発展に伴い，都心の百貨店も郊外に支店を開設し，多数の店舗と大型の駐車場をもつショッピングセンターが全米各地に出現した．また，50年代から60年代にかけて少人数経営，立地の有利さ，限定した品揃え，長時間営業を旗印にしたコンビニエンス・ストア（convenience store）が次々と誕生した．さらにウエアハウス（warehouse）の発展や家庭用電化製品を品揃えし，低価格販売をするディスカウント・ハウス（discount house）の展開があった．

　この時期になると，固定資本の増大に対応し，長期的視点に立ったマーケティング戦略が要請され，マーケティングと他の企業活動との連動性が重視さ

れるようになった．その結果，マーケティングは企業を覆う傘のようなものであり，企業のあらゆる部門の活動と密接に関連した．このような部門の活動を調整・統合するものとして，マーケティングによる管理が必要になった．この活動は，もはや一担当マネジャーが担当するものではなく，トップ・マネジメントであることから，第二次世界大戦後のマーケティングを特徴づける経営者視点のマーケティングである「マネジリアル・マーケティング」が誕生した[29]．

マネジリアル・マーケティングは，多くの企業が海外に進出するにしたがってマーケティング活動を展開する国際マーケティング（international marketing）を生み出した．一方，1960年代の終わり頃から，インフレ，失業，スタグフレーションの問題が深刻化し，さらに公害問題の発生，1973年の石油ショックで表面化したエネルギー問題の深刻化が表面化した．このような状況の中で，ラルフ・ネーダー（Ralph Nader）は1963年に『（自動車は）どんなスピードで走っても安全か』という著書により，企業の社会的責任を追及した．このような状況において，生活者意識に目覚めたコンシューマリズム（consumerism）が急速に台頭した．それまでにも，マーケティングに対する批判はガルブレイス（J. K. Galbraith）やパッカード（V. Packard）が1950年代後半から60年代にかけて行っていたが，大きな環境変化の中で，企業は利益のみを唯一の目的とはしない新しい社会的な配慮が必要となった[30]．

これに対して，消費者の基本的な権利の回復と主体性の確立のために，1962年にケネディ大統領は，議会への特別教書として「4つの基本的な消費者の権利」を提出した．この権利の採択を契機として，「消費者保護基本法」が制定された．マーケティングもこれまでのような狭い意味での顧客や消費者といった概念を超越して人間福祉に貢献するマーケティング，さらに自然環境保護などにも目が向けられはじめた[31]．

マネジリアル・マーケティングは，経営者視点のマーケティングという基本的理念としては，新しくはないが，従来の伝統的なマーケティング研究の成熟と蓄積を土壌とし，隣接諸科学の成果を取り入れて集大成しようとした試みで

あった.この試みを可能にしたのは,多数の機能的に関連する諸要因を,目的関連的に統合的に把握するための「システムズ・アプローチ」の導入であった[32]。

　第二次大戦後のマーケティングの代表的研究者は,ハワード (J. A. Howard) やマッカーシー (E. J. McCarthy) である.ハワードは,1957年に『Marketing Management -Analysis and Decision』を著し,本格的なマーケティング・マネジメント論に関する独自の体系を示した.一方,マッカーシーは,1960年に『Basic Marketing: a manegirial approach』を著し,今日でもマーケティング・マネジメントの基本とされる「製品（product）」「価格（price）」「流通（place）」「販売促進（promotion）」を4Pとして集約した.そして,4Pの適切な組み合わせである「マーケティング・ミックス」により標的となる「顧客」に焦点を絞ったマーケティング・マネジメントを展開することを提示した[33]。

　また,マネジリアル・マーケティングが全盛となった時期に,別の動きもあった.コトラー (P. Kotler) とレヴィ (S. J. Levy) が1969年に提唱したマーケティング管理の手法を非営利組織にも拡大していくという考え方である.これまで営利活動や営利組織において適用されてきたマーケティングをこれら以外にも拡大しようとする動きである.これはその後マーケティング概念の拡大を扱う「マーケティング境界論争」として長く続いている.この拡大化されたマーケティングを総称して「ソーシャル・マーケティング」という.ソーシャル・マーケティング研究には,2つの流れがある.1つは,営利企業のみに適用されてきたマーケティング理念や方法を政府や公共諸機関など社会一般の問題に適用しようとするコトラーらの考え方である.これは「非営利組織のマーケティング」とも呼ばれ,従来のマーケティング理念や方法の新しい展開というよりは従来のマーケティングの守備範囲であった営利組織から,マーケティングの守備範囲を拡大させるものである.もう1つは,企業に対する社会的責任の分担要求や高まりを見せるコンシューマリズムに対応し,同時に新しい価値観に立脚した生活の質を求めるなど,幅広く社会的視野でマーケティングを根本から洗い直そうとするレイザー (W. Lazer) などの考え方である.これ

は「社会的責任のマーケティング」とも呼ばれ，コンシューマリズムなど，企業を取り巻く環境変化に対応するために，これまでのマネジリアル・マーケティングの延長線上で新しい展開を目指すものである[34]．

第6節　戦略的マーケティングの時代

　1980年代後半から，ベルリンの壁の崩壊，東欧社会主義国やソ連邦の体制変化など世界の政治・経済体制に激変があった．この激変により，第二次世界大戦以後の政治経済体制は大きく変化した．当然，マーケティングもこの変化の影響を受けた．現在に比べ，これまでのマーケティングは，長期的視点に立つと環境変化の緩やかな時代のものであり，マス・マーケット中心のマーケティング・ミックス論として展開されてきた[35]．しかし，1970年代後半から1980年代にかけては市場の成熟化が進み，需要の多様化，個性化が常態化し，マス・マーケティングが現実への適応可能性を失いはじめた．その中で，経営戦略と融合する形で市場への全社的対応を目指す戦略的マーケティング，個別需要をターゲットとし，ターゲットへのきめ細かな対応を目指すターゲット・マーケティング（target marketing），既存顧客との関係重視のリレーションシップ・マーケティング（relationship marketing）の3つの動きがあらわれた[36]．

　特に戦略的マーケティングは，個々の企業の経営諸資源の状況や企業理念，その理念に基づく市場目標などの違いにより，各企業が重要な変化を選択し，それに対してマーケティングを集中するものである．そして，企業は競争優位に立つために事業の定義，事業の使命，機能分野別戦略，資源配分と予算決定の4つの重要な意思決定領域を持つようになった[37]．これまでの企業は，対象市場と競争状況に応じて最適マーケティング・ミックスを形成する部門管理に重点を置いていた．しかし，企業間競争が激しくなると，常に「我々の事業とは何か」を決定する事業定義の問題が前面に出てきた．そして，環境—戦略—組織—経営資源のバランスを考える経営問題としての捉え方が中心となった．

　これまで，企業の経営戦略論は，アンゾフ（H. I. Ansoff）らによって，精

力的に展開されてきた．近年，その研究成果が注目を集めるにしたがい，実際のマーケティング活動や研究への応用が進められ，マーケティング研究者自身による戦略的マーケティング研究が数多く見られるようになった．戦略的マーケティングは競争重視の全社的対応を迫り，企業として，市場対応に取り組んでいこうとするものである．

ターゲット・マーケティングは，顧客それぞれの個別需要に対応しようとするものである．これまでの売手の市場戦略の見方は，マス・マーケティングから製品多様化のマーケティング，そして，ターゲット・マーケティングを採用しはじめている[38]．具体的には，市場細分化を行い，ターゲットを選定し，製品のポジショニングを行うものである．ターゲット・マーケティングの究極の形としては，カスタマイズド・マーケティング（customerised marketing）やワン・ツゥ・ワン・マーケティング（one-to-one marketing）がある[39]．しかし，これに対するためには，データベースを整備するなどの多額の情報投資が必要であるが，メーカー，流通業を問わず，さかんに進められてきている．

リレーションシップ・マーケティングは，1990年代に入り，これまでのマーケティングが新規顧客開拓に力を注いできたことに対し，視点を既存顧客に移したものである．そして，既存顧客との関係を重視し，この関係維持を図ろうとしている．また，生産者と販売業者，そして消費者の間の垂直的な戦略的提携であるいわゆる「製販同盟」のように共同商品開発や情報共有化などが図られるようになり，これまで対極に位置していた生産者と販売業者間でも関係が重視されるようになった．

特に1990年代に入ってからのマーケティングは，以上のように全社的に対応しようとする戦略的マーケティング，個別需要に適応しようとするターゲット・マーケティング，そして，これまでの新規顧客を獲得しようとした従来型のマーケティングではなく，既存顧客をより大切にし，これまでの関係を重視，維持していこうとする考え方と実践がなされようとしている．

また，企業においては，地球的規模でのマーケティング活動の展開であるグローバル・マーケティングの展開など，企業のこれまでの国際マーケティング

の時代を超えた活動が見られる．それは，世界を1つの市場と見るのか，それぞれ個別の市場と見るかでさまざまにマーケティング戦略も異なってくることを意味する．したがって，マーケティングはその誕生当初から現在まで，市場対応をしながら常にその範囲と深さを増し展開しているといえよう．

1) R. Bartels, *The History of Marketing Thought*, 3 rd Ed. Publishing Horizons 1988 (邦訳 山中豊国『マーケティング学説史の発展』ミネルヴァ書房 1993年 pp. 46-47).
2) R. J. Keith, "The Marketing Revolution," *Journal of Marketing*, Vol. 24 1960 pp. 35-38.
3) R. L. King, "The Marketing Concept," *Science in Marketing*, George Schwartz(ed.), Wiley, 1965 pp. 90-97.
4) W. F. Schoell & J. P. Guiltian, *Marketing : Contemporary Concepts and Practice*, Ally and Bacon, p. 14. 出牛正芳『マーケティング概論』税務経理協会 [三訂版] 1997年 参照加筆 p. 4．
5) 尾崎久仁博「マーケティングの発展段階をめぐって―通説と最近の議論の動向―」『同志社商学』第45巻第4号 p. 102.
6) 堀越比呂志「マーケティングの史的展開と現代的マーケティングの意味」『青山経営論集』第31巻第2号 1996年 p. 49.
7) Halold Underwood Faulkner, *American Economic History*, 1960 (小原敬士訳「アメリカ経済史」pp. 315-317).
8) A. D. Chandler Jr., *The United States : Evolution and Enterprise*, Cambridge University Press, Cambridge Economic History Vol. 3. 丸山恵也訳『アメリカ経済史』 亜紀書房 p. 12.
9) 前掲書 pp. 18-19.
10) Herman E. Krooss, *American Economic Development*, 1966 pp. 331-332.
11) Bruce Mallen, "Conflict and Cooperat in in Marketing Channels," *in Reflections on Progress in Marketing*, ed. L. George Smith, American Marketing Association, 1964 pp. 65-85.
12) 白髭武『アメリカマーケティング発達史』実教出版 1978年 pp. 44-48.
13) 白髭武「マーケティングの発生(1)」『経営論集』明治大学経営学研究所 第16巻第2号 pp. 84-88, 105-109.
14) R. Bartels, *The History of Marketing Thought*, 3 rd Ed. Publishing Horizons 1988 (邦訳 山中豊国『マーケティング学説史の発展』ミネルヴァ書房 1993年 p. 36).
15) 前掲書 p. 37.
16) H. U. Kaulkner, *American Economic History*, 1960 (邦訳 小原敬士『アメ

リカ経済史』p. 640).
17) 白髭武「マーケティングの発生」明治大学経営研究所『経営論集』第17巻第3．4号 pp. 16-17.
18) 前掲書 pp. 32-33.
19) 岡本善裕「ニューディール期におけるマーケティング」『和光経済』第8巻第1．2号 pp. 101-108.
20) 白髭武『現代のマーケティング』税務経理協会 1962年 p. 99.
21) 佐藤肇『流通産業革命』1971年 pp. 115-116.
22) 前掲書 pp. 115-116.
23) 徳永豊『アメリカ流通業の歴史に学ぶ』中央経済社 1990年 pp. 130-131.
24) P. D. Converse, *Fifty Years of Marketing in Retrospect*，梶原勝美・村崎英彦・三浦俊彦訳『アメリカマーケティング史概論』白桃書房 1986年 pp. 114-116 p. 123).
25) 木綿良行「マーケティングの歴史とその概念」『現代マーケティング論』有斐閣ブックス 1989年 p. 7．
26) 前掲書 p. 7．
27) 前掲書 p. 9．
28) Vance Packard, *The Waste Maketer*, 1961 pp. 53-67.
29) 村田昭治「マーケティングとは何か」『現代マーケティングの基礎理論』同文舘 1981年 pp. 6-7．
30) William Lazer & Eugene J. Kelley, *Social Marketing*, Irwin，1973年 pp. 1-2．
31) 三上富三郎『現代マーケティングの理論』実教出版 1976年 p. 165.
32) 木綿良行「マーケティングの歴史とその概念」『現代マーケティング論』有斐閣ブックス 1989年 p. 15.
33) 前掲書 p. 16.
34) 前掲書 pp. 22-23.
35) 市川貢「マーケティング論の進化」『次世代マーケティング』中央経済社 1997年 p. 18.
36) 前掲書 pp. 18-19.
37) 石井淳蔵・奥村昭博・加護野忠男・野中郁次郎『経営戦略論』有斐閣 1985年 pp. 1-14.
38) P. Kotler, *Marketing Management*, 7 th ed, Prentice-Hall 1991 pp. 262-263.
39) 市川貢「マーケティング論の進化」『次世代マーケティング』中央経済社 1997年 p. 22.

第 2 章

マーケティング・アプローチと社会的マーケティング

　マーケティングの研究が始められてから研究アプローチまたは研究視角は，研究者の観点によってさまざまである．しかし，研究対象からは，ミクロ・マーケティングとマクロ・マーケティングに分けることができる．さらに，マーケティングの目的によって研究観点が，営利目的のセクターと非営利目的のセクターに大きく分けることもできる．

　このようなマーケティング研究の視角の分類を年代順に分類すると，伝統的マーケティング・アプローチと現代のマーケティング・アプローチとなる．伝統的マーケティング・アプローチとして扱われているのは，商品別アプローチ，機関別アプローチ，機能別アプローチである．そして，現代のマーケティング・アプローチとしては，マネジリアル・アプローチ，システムズ・アプローチ，ソーシャル・マーケティング・アプローチをあげることができる．

第1節　伝統的アプローチ

　マーケティングは，生産者が営利目的で，消費者のニーズとウォンツに合わせた商品やサービスを提供するビジネス活動の遂行である．そのため，マーケティングの遂行活動には常に3つの要素が存在している．それは，遂行活動の

客体となる商品やサービス，活動を行う主体として遂行者または機関，遂行者による活動である．この3つの要素に関するマーケティング研究アプローチが，商品別アプローチ，機関別アプローチ，機能別アプローチである．これらは，もっとも典型的な研究アプローチとなって，長年にわたって研究されてきている．これらの伝統的アプローチで対象とされたのは，生産者から消費者への商品やサービスの流れである．

1 商品別アプローチ

商品別アプローチは，伝統的アプローチの中で，もっとも古くから研究されているマーケティング・アプローチである．商品別アプローチでは，商品の分類から，商品の流通を中心にマーケティングにおける諸問題を研究する．これにより，もっとも良くマーケティングが理解できると提案している[1]．つまり，商品別アプローチでの焦点は，商品の分類およびその性質による分類，商品別の供給ルートの分析である．

一般的な商品分類の基準は，対象市場，購買者，生産方式，原材料，加工方法，性質などがあげられる．しかし，これらの基準それぞれに基づいて商品を分類すると，膨大な作業となり，その結果も適切にまとまらないため，一般に，複数の基準に基づいて分類することが行われている．反面，マーケティングでは，商品化された財を中心に，目的，消費者の消費習慣に基づいて分類している．表2-1は，一般的な商品分類とマーケティングで用いる分類を比較している．

商品別アプローチでは，消費財を中心とする商品を，消費者の消費習慣によって分類している．商品別アプローチからみる商品は，生産財と消費財によって分類が異なる．生産財は，原料の加工程度によって原料，部品・半製品，業務用消耗品，補助設備品，主要設備品に分類される．一方，消費財は，消費者の消費頻度や購買努力によって，最寄品，買回り品，専門品に分類できる．最寄品は，消費者が最小の知識と努力をもって頻繁に購入している日用雑貨品のように手近な商品あるいは，便宜品として，食品，洗剤のようなものを

表2-1 商品分類

一般的な商品分類基準	マーケティングにおける商品分類
①対象市場：特殊製品，一般製品 ②購買者：生産財，消費財 ③生産方式：農水畜産物，林産物，鉱産物，工業製造品，サービス製品 ④原材料：原料品，加工品 ⑤加工方法：高度加工製品，中等度加工製品，低度加工製品，労働製品，中間製品，資本型製品，完全加工製品 ⑥性質：耐久財，非耐久財，サービス	①一般的な財（経済財） ・有形財：可動財，不動財 ・無形財：サービス ②目的による分類 ・消費財：耐久消費財，非耐久消費財 ・生産財：原料，部品・半製品，業務用消耗品，補助設備品，主要設備品 ③消費者の購買習慣による分類 ・最寄品 ・買回り品 ・専門品

指す．買回り品は，購買の際，品質やデザイン，価格などを比較考慮する洋服，靴のようなものとなる．そして，専門品は，消費者が知識や購買努力を費やして購買している商品のことで，ブランド品，貴金属，趣味関連商品などを意味する．

　このような商品分類は，特定の商品にどのようなマーケティング活動を集中すべきであるのかに焦点が当てられている．最初Parlin（1912）によって，最寄品，買回り品に，その後Copeland（1923）によって，最寄品，買回り品，専門品と分類される．さらに，多くの研究者によってさまざまに研究されてきている中でCopelandによる分類が，もっとも代表的な分類として，古典的な商品分類の基準となっている[2]．

　しかし，商品別アプローチは，後に，商品の非道徳で反社会的な点が指摘され，また企業による環境問題への取り組み，社会貢献が要求されるようになるなどさまざまな問題が指摘される．そして，商品に対する個々人の判断基準はそれぞれ異なるため，すべての商品が分類できるような概念の一般化に限界があるという基準に関する問題と，分類基準が1次元か，複数次元かという問題

表2-2　消費習慣による消費財分類

消費の目的・習慣による分類	最寄品	日用品，手近品，便宜品を示す．購買時間と努力は最小，価格は低く購買頻度は多い．販路は長く多い．商品回転率も高く，POPとブランド名，包装が非常に重要である．
	買回り品	品質，デザイン，価格などを比較する商品である．購買時間と努力は多く，価格は高く，品質と比較する．販路は短く，商品回転率は低く，小売業者の広告が多い．
	専門品	贅沢品，貴金属，趣味品，スポーツ用品である．購買時間と努力は一般化できなく，価格は高い．販路は短く少ない．商品回転率は低く，製造業者や小売業者の広告が中心で，ブランド名が非常に重要である．

(出所) Stanton, W. J., *Fundamentals of Marketing*, 4th ed., McGraw-Hill Book Company, 1975, p.129., 加藤勇夫『マーケティング・アプローチ論』白桃書房，1980年，90-93ページ．

も指摘されるようになる[3]．

2　機能別アプローチ

　マーケティングの役割は，売り手と買い手における取引関係を結びつけることである．その主な機能は，両者の関係の中で，商品の種類，性質，数量，引渡しの方法，保管場所，代価などについて両者が一致するように調整することである．つまり，売り手と買い手の商品の取引に関する観念を一致させていくことが，マーケティングの役割である．そして，その役割を果たすために取引過程の中で流通機関が働く際，発生する機能によって効用が創出される．

　機能別アプローチは，財貨（商品ないしサービス）の流れに注目し，それを扱う流通機関のさまざまな機能を識別・分類することから，マーケティングを理解しようとする研究アプローチである．機能別アプローチの目的は，財貨の流れに沿った流通過程における流通機関の諸活動の機能から，その本質要素と付随的な要素を理解することである．そのため，機能別アプローチは，商品の所有権あるいは使用権の移転，また物理的移動に関する流通システム，流通機関の活動を研究する．それによって，流通機関の活動の理解とその重要性を強調している．さらに，流通活動に携わる業者あるいは機関の機能を示すこと

で，それらの必要性と意味を評価・判断している．つまり，このアプローチの特色としては，流通費用の把握，流通機関および流通に関する技術発展を概観することをあげることができる．

表2-3は，機能別アプローチにおける代表的な研究者による分類である．その中で，もっとも一般的で長年にわたって支持されているのはClark (1922) による分類である．Shaw (1912) とWeld (1917) によって定義された機能別分類が，流通機関の機能をただ羅列していたことに対して，Clarkは，流通機関の機能を体系化したことで有名である．McGarry (1950) は，マーケティング・プロセスに基づいて流通機能を分類したことで注目を浴びている．そして，Converse (1952) は，流通側面を3つに分けて分類している．

しかし，機能別アプローチは，代表的な流通機能に関しては論じているが，それらの各機能は，商品別に分析され，各流通機関と関連して分析しなければならないことから，批判されている．さらに，マーケティング活動によって生

表2-3 流通機関の機能に関する分類[4]

特　　徴			
流通機関が遂行する機能の列挙	Shaw (1912)	①危険負担　②財貨の運送　③取引上の金融 ④販売　⑤集荷，類別，再配送	
	Weld (1917)	①集貨機能　②貯蔵機能　③リスク負担機能 ④リアレンジメント機能　⑤販売機能　⑥運送機能	
流通機関の機能を体系化	Clark (1922)	①交換機能―>所有・使用の効用創出 　・販売　・購買 ②物的供給機能 　・運送　―>場所の効用創出 　・貯蔵また保管　―>時間の効用創出 ③補助機能 　・金融　　　　　　　　　　　・危険負担 　・市場情報の収集，伝達，理解　・標準化	
マーケティングプロセスに基づいた分類	McGarry (1950)	①接触機能　②商品企画機能　③価格設定機能 ④宣伝機能　⑤物流機能　⑥契約完了機能	
流通側面に焦点	Converse (1952)	①販売活動　②財貨の移動 ③流通組織の経営管理	

じる諸機能の相互関係あるいは機能の移転に関しても注目していないことが指摘されている．

3 機関別アプローチ

機関別アプローチは，機構別アプローチ，制度別アプローチともいわれ，マーケティングに従事するあらゆる生産者，代理店，卸売業，中間業者，小売業者といった機関を中心にマーケティングを理解するものである．特に，このアプローチは，販売活動といった，あらゆる商業活動を行う流通機関ごとに各機関の形態，主要活動とその機能，役割，特徴およびそれによって生じる問題点に着目したものである．

商業機能を果たしている流通機関の分類に関しては，さまざまな視点から類型化されているが，北島忠男他（1999）による商業機関の分類とその特徴から説明すると，商業機関は歴史的発展過程から経済主体と資本の拠出によって，商人，生産者が出資・経営する商業機関，消費者が出資・経営する商業機関，国家または公共団体が出資・経営する商業機関に分類できるという．

表2-4　商業（流通）機関の分類

商　人 （中間業者）	①差益商人 　・小売商人（retailer）　・卸売商人（wholesaler） ②手数料商人 　・問屋（commission merchant） 　・代理業者（sales agent） 　・仲立人（broker）
出資・経営形態 による商業機関	①大規模生産者が出資・経営する商業機関 　・販売会社，連鎖店，フランチャイズ・チェーン ②小規模生産者が出資・経営する商業機関 　・農業協同組合，漁業協同組合 ③消費者が出資・経営する商業機関 　・消費者生活協同組合 ④国家または公共団体が出資・経営する商業機関 　・専売制度，地方公共団体

（出所）北島忠男，小林一共著『新訂流通総論』白桃書房，1999年，21-25ページ．

通常，規模によって，大規模，中・小規模に，形態別では，無店舗形態，通信販売形態，店舗形態に，取扱商品範囲によって，専門店，複数品種取扱店，総合取扱店に類型化できる．そして，製造業者が自社の商品を販売する方法は，直接販売と間接販売があり，前者の場合は直系の会社を通した販売であり，後者は，販売のために介入する独立した業者（卸売業，小売業）に販売や買付を委ねることである．

　機関別アプローチで，特に注目すべきことは，中間機関（商人）である．中間機関は，製造業者あるいは他の流通機関に委ねられた商品の売買代理，取引の仲介活動を行い，報酬として一定の手数料を受け取る，つまり販売を補助する業者のことを示す．そこには，代理業者といわれ，商品の所有権取得や譲渡の権利はなく，製造業者のために継続的に取引を担当する業者がいるだけである．代理業者は，原則的に一定の割り当てられた地域を中心に競争のない複数の会社の製品販売を担当する製造業者代理店と，製造会社の製品販売に責任をもって営業を務める販売代理店がある．代理業者の他に，専門独立業者には，商品の所有権を持つことなく，商品の販売・買付の委託を受け，販売を行う問屋と，商品の所有権や商品は持たずに取引交渉を仲介する仲立人（broker）がある．両方とも販売専門の独立業者として，1回性取引関係をもって，手数料を受けるが，仲立人の手数料の場合は，売り手と買い手が双方平分して負担することと規定されている．その他の機関として，商品の物理的移動業務を中心とする運送業，倉庫業，それらの活動を援助する金融業，保険業，マーケティング調査機関，広告代理店なども研究対象となっている．

　以上，機関別アプローチでは，生産者から消費者に渡る取引過程の中で，商品を扱う機関に注目して，それらの流通機関の分類とその特性を明確にすることから，マーケティングにおける取引構造や市場構造およびそれに対する適切なマーケティング活動を導き出そうとしたのである．

　伝統的マーケティング・アプローチは，商品別，機能別，機関別という3つの大きな流れの中で，売り手と買い手との関係および流通機関の役割を分析し

てマーケティングを理解しようとしている．つまり，この伝統的マーケティング・アプローチは，商品つまり財貨の流れを流通構造の中で解明しようとすることから，マクロ的観点に立脚していたといえる．しかし，企業側におけるマーケティングのミクロ的観点が重視されるようになったため，登場したのが個別企業のミクロ的な観点に基づいたマネジリアル・マーケティング・アプローチ，システムズ・アプローチ，社会的アプローチといわれる現代的マーケティング・アプローチである．

第2節　現代的マーケティング・アプローチ

　伝統的マーケティング・アプローチが売り手中心の志向から，買い手中心の志向へと変わり，企業マーケティングの理念が市場志向から顧客志向へと移行するなどの変化によって新しい観点が追究されるようになったのである．そこで登場したアプローチが，個別企業を中心とするミクロ的観点に基づいてマーケティングを分析する視角である．そのような個別企業のミクロ的観点に基づいたアプローチは，後に現代的マーケティング・アプローチといわれ，「マネジリアル・マーケティング・アプローチ」，「システムズ・アプローチ」，「社会的アプローチ」へと発展される．特に，Verdoorn (1956) の研究をきっかけにマーケティングを管理論として体系的に注目するようになり[5]，その後 McCarthy (1960) の4Pが提唱され，マーケティングにおける諸手段の組み合わせの適合化が脚光を浴びるようになったのである．

1　マネジリアル・マーケティング・アプローチ

　マネジリアル・マーケティング・アプローチでは，経営者の観点または，マーケティング管理者の意思決定を中心に，製品，価格，チャネル，プロモーションという統制可能要因と，需要，競争，市場特性などの統制不可能な要因をどのように適切にマネジメントしていくかを論じている．つまり，マネジリアル・マーケティング・アプローチは，経営者またはマーケティング管理者の

表2-5 マネジリアル・マーケティング・アプローチ

	Gutenberg (1955)	Hansen (1956)	Howard (1957)	McCarthy (1960)
定義	販売は,企業の1経営部門で,製造,財務,購買,保管など,他の経営部門の極大化という企業目的を達成するために統合されるべきである	マーケティングとは,消費者の欲求を発見し,それをより多くの消費者が多くの製品とサービスを享受できるように援助すること	マーケティング担当経営者の課業は,自社の利益を増進させるような方法で諸手段を調整することによって,変化する環境に創造的に適応すること	マーケティングとは,顧客を満足させ,企業の目的を達成するために,生産者から消費者または使用者への財貨およびサービスの流れの方向を定める企業活動の遂行
焦点	個別企業の観点から,販売論の体系化と,販売政策の諸手段の最適組合わせに関する展開を試みる	最終消費者市場に対するマーケティング政策の研究と,消費者志向の視角から企業のマーケティング問題に注目	経営者的観点と意思決定志向に基づき,マーケティングの諸問題を分析し行動科学の成果を取り入れている	マーケティングの戦略的展開を,標的市場の選択,マーケティング・ミックスであると述べる
特徴	販売政策の手段を効果的に活用するために,市場分析と市場観察の市場調査を行う.その結果に基づいて,適切な販売計画を策定することができる	消費者研究,市場調査に基づいた製品政策を重視する	統制可能要素(製品,人的販売,広告,価格,マーケティング経路)と,統制不可能な要素(マーケティング関連法律,流通機構,マーケティング以外の費用,競争,需要)の区分を行う	マーケティング・ミックスの要素 ①製品:標的市場の顧客を充足させる適正製品 ②価格:適正な価格設定 ③流通:販売経路に関する問題,機能,制度 ④プロモーション:標的市場への適切な情報伝達
示唆	販売における問題を個別企業,販売担当者の観点に基づいて,販売論の体系化を試みている	マーケティング諸要素の組み合わせであるマーケティング・ミックスが重視すべきであることを示唆	マーケティング・マネジャーの統制可能要素と統制不可能要素を区分,マーケティング・ミックスの最適の組合わせの重要性を示唆	標的市場と顧客をマーケティングの諸活動の中核概念として取扱いながら,マーケティング・ミックスの展開について述べる

(出所) 加藤勇夫『マーケティング・アプローチ論』白桃書房,1980年,119-129ページ.

マーケティング計画，組織，調整活動をテーマとしていることを意味する．そして主な焦点は，マーケティングの諸手段をどのように効果的に統合，体系化するかによる企業の市場環境適応にある．

マネジリアル・マーケティング・アプローチにおいてもっとも重視された研究として，McCarthy (1960) のマネジリアル・アプローチがある．彼は，「マーケティングとは，顧客を満足させ，また企業の目的を達成するために，生産者から消費者または使用者への財貨およびサービスの流れの方向を定める企業活動の遂行である」と述べている．そして，マーケティングの戦略的展開は，標的市場の選択，マーケティング・ミックスの開発が必要であると論じている．McCarthy (1960) によって提唱されたマーケティング・ミックスとは，製品 (Product)，価格 (Price)，チャネル (Place)，プロモーション (Promotion) であり，4Pと呼ばれている．図2-1のように，彼はマーケティングをシステムとしてみなしながら，企業を取り巻く外部環境を含め内部活動をど

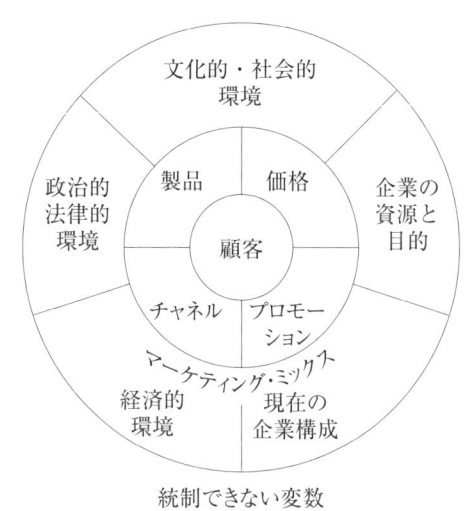

図2-1　マーケティング・マネジャーの枠組

統制できない変数

(出所) McCarthy, E. J., *Basic Marketing : A managerial Approach*, Homewood, Illinois : Richard D. Irwin, Inc., 1960. 粟屋義純監訳『ベーシック・マーケティング』東京教学社, 1978年, 31ページ.

のように適合するのかが,マーケティング・マネジャーの業務であり,そこで重要なマーケティング手段となるのが4Pであると述べている.

McCarthyの4Pで代表されるマネジリアル・マーケティング・アプローチでは,既存の伝統的マーケティングと違い,マーケティングの観点を経営者またはマーケティング・マネジャーに代えてマーケティングをシステムとして見なして分析したことにより,現代的マーケティング・アプローチへと変化させている.

2 システムズ・アプローチ

システムズ・アプローチとは,企業を取り巻いて変化しつつある複雑な環境諸要素,それらとの相互作用および関係,変化に伴って増大する不確実性やリスク負担などを,経営者がこれらの状況を把握していなければ,適切な対応と問題解決ができないという観点から用いられたアプローチである.

マーケティング・システムは,相互関連した集団を形成するさまざまな要素の集合体であり,そこには,市場を出入する経路とコミュニケーションを通しての製品,サービス,資金,設備の流れが存在している.したがって,これらの流れとコミュニケーションの効率は企業において非常に重要となる.システムズ・アプローチは,マーケティング活動の目的達成のために,個別要素を多くの要素と統合することでシステムとして把握しようとするものである.さらに,マーケティングの諸活動に対するシステム・モデルを活用し,企業内のマーケティング問題解決や意思決定について分析するものでもある.したがって,このアプローチの焦点は,企業内部・外部の連携,インプットとアウトプットとの関係,フィードバックとコントロール・コンセプトが中心である.また,このアプローチでは,総合力をめざして企業内のさまざまな形のシステムを分析することによって,結果的にシステムとなるという.

特に,システムズ・アプローチには,時間概念が含まれていないという考えも見られるが,その理論的基盤には,心理学,社会心理学,経済学,人類学という諸科学があり,行動科学的アプローチ,マーケティングを人の組織による

現象とみなすマネジリアル・アプローチまで含む，マーケティングを人の行動に密接に関連しているという観点に基づいている．システムズ・アプローチでは，企業全体がシステムであり，マーケティングはシステムの内で生じるという考え方をもっている．

このアプローチは，Alderson (1957) によって，マーケティングを組織的行動体系としてみなされたことにより，発展してきている[6]．その後，Field, Douglas and Tarpey (1966) は，行動システムズ・アプローチを統合している[7]．彼らによって提唱された行動的システムズ・アプローチは，行動科学的アプローチに基づいて，マーケティングの現象を検討するためにマネジリアル・アプローチを，分析においては，科学的・経験的アプローチを用いている．そして特に，マネジリアル・アプローチでは，製品を，消費者のニーズと欲求を充足させるために設計されることとして見なしながら，製品が消費者に充足される過程を，本質的に供給を需要に適合させる過程であると仮定している．

システムズ・アプローチは，企業全体に至るマーケティングの多くの部門に適用される．マーケティングにおけるシステム適用による有効性は次のようである．第1に，問題解決の方法論が広範囲な準拠のもとでさまざまな検討ができる．第2に，適切なマーケティング・ツールを対等な関係におくことができる．第3に，マーケティング活動の能率性と節約をもたらす．第4に，問題を迅速に認識できる．第5に，革新への刺激を受ける．第6に，数量的結果が見られることである．その半面，否定的な側面として，時間を要すること，標準化された問題解決方法，徹底した分析の後でも存在する不確実性，モノと過程の測定だけの問題，マーケティングに携わる科学的測定が不可能な人の性質の問題などが指摘されている．

第3節 社会的マーケティング

社会的マーケティングは，社会全体的なシステムに基づいて，企業と社会のかかわりと消費者1人1人のニーズと欲求を充足させることに注目している．

このような社会的マーケティングでは，企業によって引き起こされた大気汚染や水質汚濁を1つのきっかけとして，企業が行うマーケティング活動が売上高と利益だけではなく，影響を与えている環境を始めとして社会全般のためにも，本来のマーケティングの目的とその本質はより拡大されると強調している．

この社会的マーケティングに関して，Kotler and Zaltman（1971）は，「社会的アイデアの重要可能性に影響を及ぼそうとするプログラムの設計，移行，および統制であり，製品計画，価格決定，コミュニケーション，流通，およびマーケティング調査についての考慮を含むものである」と定義している[8]．したがって，社会的マーケティングとは，狭義の意味で，社会的要求に受容可能な影響を与えるプログラムの設計，移行，統制に関することであり，広義の意味では，非営利組織によって行われるマーケティングを示す．

Lazer and Kelley（1973）によると，社会的マーケティングとは，企業が行うマーケティング諸活動と企業を取り巻いている一般公衆（経営者，従業員，労働組合，株主，競争業者，消費者，政府）との関わりから生じる社会的期待を実現していくことであると述べている．さらに，彼らは，マネジリアル・マーケティングと社会的マーケティングを比較している．

また，社会的マーケティングの理論構成に要求される理論的前提について述べている．それは，第1に，マーケティングの目的は，短期的な経済条件と同様に長期的な社会条件の中で定義されなければならない．第2に，社会の目的は，全社会的福祉の追求と，それにかかわる企業の福祉追求姿勢に求められる．第3に，市民としての消費者は，個人的欲求とニーズだけではなく，社会の欲求とニーズの達成にも関心を持っている．このような必要性は，環境要件によって規定される．第4に，製品は，経済的なものとしてだけではなく，社会的条件の下でも考えられなければならない．第5に，費用と利益は，経済的条件だけではなく，社会的条件のもとでも考えなければならない．第6に，望ましい社会的優先権は，個々の企業とマーケティング意思決定者との両方に存在すると仮定する．第7に，政府は，社会的マーケティングの中で，重要な役

割をもっている．第8に，トータル・マーケティング・システムとその構成諸要素は，経済条件と同様に，社会条件の中で評価されなければならない．第9に，社会のいろいろな集団の目的と願望の間には矛盾が存在しているため，マーケティング計画は，すべての必要性に適合することができない．第10に，企業のマーケティング意思決定システムは，経済的基盤と同様に，社会的基盤から監査されるべきである．第11に，現実的な経済の目的が実現されなければ，社会の目的はマーケティングによって達成されることができない，と強調している[9]．

社会的マーケティングには，マネジリアル・マーケティングと理論的相違点がいくつか見られる．社会的マーケティングは，マーケティング意思決定を企業行動の社会志向と責任の遂行というところに重点を置くことによって，マーケティングの基礎概念と研究教育の拡大をもたらしている．そして，企業をマーケティング・システムの中から捉えることではなく，マーケティング・システムを企業と社会環境の相互行為関連としてみなし，既存研究でのシステムの概念を拡大している．マーケティングの社会的問題をシステム行動の中で捉えていることが，マネジリアル・マーケティングと異なる特徴である．

しかし，今日の企業においては両方のアプローチを用いたマーケティングが要求されているといえる．その理由は，企業が継続的な成長を前提している限

表2-6 マネジリアル・マーケティングと社会的マーケティングの比較

	マネジリアル・マーケティング	社会的マーケティング
主要概念	企業，利益，売上高，費用，人的販売，広告効果	社会，社会的費用，社会的価値社会的製品，社会的利益
研究焦点	知識と資源の適合化	一般市民（消費者）のニーズ，社会の環境的要求
背景理論	消費者行動 マーケティング行動	コンシューマリズム マーケティング
マーケティング活動	マーケティング・ミックス	社会的関わりあい

(参照) Lazer, W. and Kelley, E. J., *Social Marketing : Perspectives and Viewpoints*, Richard, D. Irwin, Inc., 1973, pp. 4-5.

り，企業を取り巻いている社会に対して望ましい活動および社会の要求もともに実現しなければならないし，また企業活動の目標達成が難しくなるほど，企業の社会的責任とそれに応じる活動の要求が大きくなっているためである．

　社会的マーケティングは，大きく3つの流れに沿って発展してきたといわれている．まず，伝統的なマーケティングで，営利組織を中心とする売り手，買い手の製品とサービスの流れに関する観点である．これは，製品やサービスの所有権および使用権の移転を中心としている．2つ目は，非営利組織の行動を含む観点を持つ段階である．特に，製品やサービスだけではなく，人，組織，場所，社会的アイデアまで含んで市場取引をみなしている．3つ目は，マーケティングの対象者を，組織の顧客，消費者だけではなく，その組織を取り巻いている公衆として，組織支持者，供給者，従業員，政府，やがて一般公衆まで含む段階である．

　このように社会的マーケティングは，狭義の意味では，社会的アイデアの受容可能性に影響を与えようとするプログラムの設計，移行，統制に関連しており，広義には，非営利組織によっても行われるマーケティングに関連しているのである[10]．

1）　商品の流れに関して，Field et al は，Product-Flow Approach と述べている．
　　Field, A. G., Douglas, J. and Tarpey, X. T., *Marketing Management* : A Behavior Systems Approach, Charles, E. Merrill Books, Inc., 1966, p. 12.
2）　Parlin（1912）は，以下の論文に部分掲載されている．Gardner, E. H., "Consumer Goods Classification," *Journal of Marketing*, Vol. 9（January, 1945）pp. 275–276. Copeland, M. T., "The Relation of Consumer's Buying Habits to Marketing Methods," *Harvard Business Review*, Vol. 1 (April. 1923), p. 282.
　　その後の研究で特に，Holbrook and Howard（1977）は，古典的商品分類である，最寄品，買回り品，専門品に選好品を加えている．田村正紀（1978）は，最寄品，買回り品，専門品に，石崎悦史（1998）は，商品分類の枠組について制度的分類と非制度的分類（マーケティング論的商品，企業的商品，消費者的商品）をもって行っている．
3）　この点に関して，出牛正芳（1977）は，「商品とは，単に消費者の物質的・精神的欲求を充足しうる欲求充足商品（売れる商品）であるだけではなく，さらに有害・安全性，リサイクリング，省資源，省エネルギーなどについて慎重に検討

がなされ，消費者に真に利益となる社会利益貢献商品（売れるべき商品）でなければならない」と述べている．

　寺島和夫，大橋正彦「商品分類に関する経験的研究」『竜谷大学経営学論集』竜谷大学経営学会，第34巻，第2号，1994年，56ページ．

4) Shaw, A., "Some Problems in Market Distribution," *Quality Journal of Economics*, Vol. 26 (August. 1912), p. 731.

　Weld, L. D. H., "Marketing Functions and Mercantile Organization," *American Economic Review*, Vol. 7 (June. 1917), p. 306.

　Torsley, R. D., Clark, E. and Clark, F. E., *Principles of marketing*, Rev. ed., Macmillan Co., 1962, p. 14.

　McGarry, Edmund. D. "Some Functions of Marketing Reconsidered," in Theory in Marketing, Reavis Coxand Wroe Alderson, eds., Chicago : Richard. D. Irwin, Inc., 1950, pp. 263-279.

　Converse, P. D., H. W. Huegy., R. V. Mitchell., *Elements of Marketing*, 1958, p. 140.

　流通機能を，向井鹿松（1928）は，配給機能としてとらえ，配給上の職能について，需給の連絡一致を期す精神的労働と，具体的物財をあるいは分割し，あるいは収集し，あるいは選別し，あるいは貯蔵し，あるいは運搬する技術的肉体労働という2つの要素と，資本及び資本資源の負担という要素が必要であると述べている．そして，流通機能を，需給接合機能と物的調整機能の本質的要素として規定している．

5) Verdoorn, P. J., "Marketing from the Producer's Point of View," *Journal of Marketing*, Vol. 20 (January. 1956), pp. 221-235.

6) Alderson, W., *Marketing Behavior and Exective Action*, 1957.

7) Field, G. A., Douglas, J. and Tarpey, L. X., *Marketing Management : A Behavioral Systems Approach*, Charles, E. Merill Books, Inc., 1966, p. 25.

8) Kotler, P. and Zaltman, G., "Social Marketing : An Approach to Planned Social Change," *Journal of Marketing*, Vol. 35 (July. 1971), p. 5.

9) Lazer, W. and Kelley, E. J., *Social Marketing : Perspectives and Viewpoints*, Richard, D. Irwin, Inc, 1973.（川勝久訳「ソーシャル・マーケティング―その理論と実際」村田昭治編『ソーシャル・マーケティングの構図―企業と社会の交渉』税務経理協会，1976年，223-235ページ．）

10) 加藤勇夫『マーケティング・アプローチ論―その展開と分析―』白桃書房，1979年，274-275ページ．

第 3 章

戦略的マーケティングと
マーケティング・マネジメント

第1節 現代のマーケティングの体系

ランバン (Lambin, J-J.) によると，現代のマーケティングの体系は，経営戦略的色彩の強い戦略的マーケティングと，従来からの4Pの管理に関わるマーケティング・マネジメント（ランバンの用語では，marketing opérationnel）から構成される（Lambin 1986）．その体系は，図3-1のように表すことができる．

図に見られるように，各企業は，経営資源分析と市場環境分析を統合する事業ポートフォリオ分析によって，各製品事業部の基本戦略を決定し（戦略的マーケティング），それに基づき，各製品事業部において，マーケティングの4P戦略（製品・価格・コミュニケーション・流通チャネル）を策定・実行していく（マーケティング・マネジメント）のである．

この内，前者の戦略的マーケティングは，1970年代後半以降急速に重要性が認められてきている部分であるが（cf. 嶋口 1984），その背景の一つとして，各企業が多事業・多製品を展開している点があげられる．例えば，あなたがサントリーの缶コーヒー「Boss」のマーケティング・マネジャーだとしてみよ

図3-1　現代のマーケティングの体系

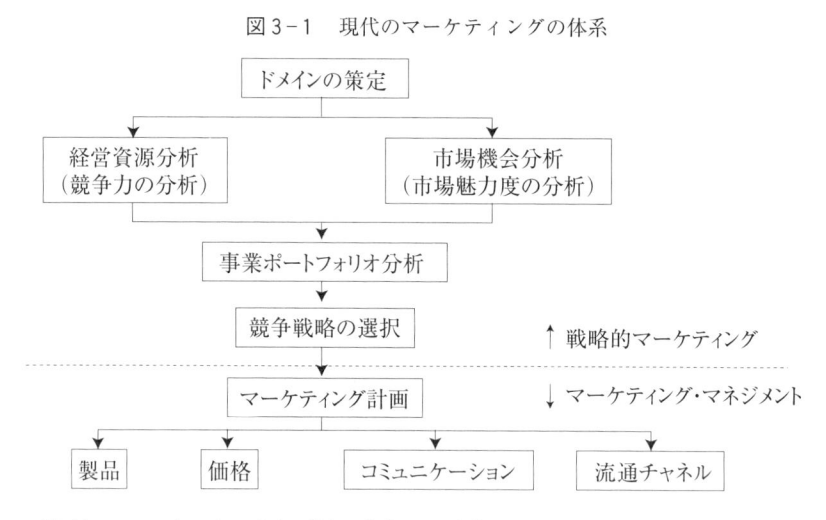

```
              ┌──────────────┐
              │ ドメインの策定 │
              └──────┬───────┘
          ┌──────────┴──────────┐
          ▼                      ▼
┌──────────────────┐   ┌──────────────────┐
│   経営資源分析   │   │   市場機会分析   │
│ （競争力の分析） │   │（市場魅力度の分析）│
└────────┬─────────┘   └─────────┬────────┘
         └────────────┬───────────┘
                      ▼
           ┌────────────────────┐
           │ 事業ポートフォリオ分析 │
           └──────────┬─────────┘
                      ▼
           ┌──────────────────┐
           │  競争戦略の選択  │       ↑ 戦略的マーケティング
           └──────────┬───────┘     - - - - - - - - - - - - -
                      ▼              ↓ マーケティング・マネジメント
           ┌──────────────────┐
           │ マーケティング計画 │
           └──────────┬───────┘
     ┌──────┬─────────┼─────────────┬──────────┐
     ▼      ▼         ▼             ▼
   ┌────┐ ┌────┐ ┌────────────┐ ┌──────────┐
   │製品│ │価格│ │コミュニケーション│ │流通チャネル│
   └────┘ └────┘ └────────────┘ └──────────┘
```

(出典) Lambin (1990) の序文の枠組みを基に，一部修正して作成．

う．あなたに与えられた使命は，競合する「ジョージア」や「ファイア」を打ち負かして，「Boss」の売上げを拡大することであり，そのための方策は，マーケティング・マネジメントの教科書の4P戦略の章に載っている．したがって，あなたはマーケティング・マネジメントの理論に基づき，製品を改良するために，また販促キャンペーンを強化するために，本社に対して，缶コーヒー事業への一層の資金投入を要請することになる．サントリーが缶コーヒー事業しか展開していないのならこれで話は完結である．ただ，サントリーは，缶コーヒー以外にも，ビールやウイスキー，食品や菓子など，多くの事業を展開している．そしておそらく，缶コーヒー以外のビールのマーケティング・マネジャーも，ウイスキーのマーケティング・マネジャーも，自事業へのより多くの資金投入を要請すると考えられる．そのような時，缶コーヒーとビールとウイスキーのどの事業にマーケティング努力を集中し，資金投入をしていけばよいのだろうか．4Pを中核とする，従来のマーケティング・マネジメント論（単にマーケティング論と呼ばれることも多い）では，この問いには答えられない．そして，この問いに解答を与えるのが，戦略的マーケティングなのであ

る．

　以下では，図3-1に沿って，戦略的マーケティングの内容を説明する．

第2節　ドメインの策定

　図3-1に見られるように，戦略的マーケティングのステップは，まずドメイン（domain；企業の主要生存領域）の策定から始まる．すなわち，当該企業が，長期的にどのような企業として社会の中で成長していきたいのかと言う青写真の策定である．

1　マーケティング近視眼

　このドメインを策定する際に参考になるのが，レビット（Levitt, T.）の「マーケティング近視眼（Marketing Myopia）」の議論である（Levitt　1960）．
　19世紀には大陸間横断鉄道としてアメリカの繁栄をささえ，自らも大いに成長したアメリカの鉄道会社が，その後没落し，いまや東海岸の一部などでしか見られなくなってしまったのは何故だろうか．レビットはその理由を，彼ら鉄道会社が自分たちのことを鉄道会社と考えていたのが問題だったというのである．鉄道会社の人が自らを鉄道会社と答えるのは，おそらく日本の多くの鉄道会社の社員に尋ねても同様な答えが返ってきそうな，至極当たり前のように思える考え方である．しかし，レビットに言わせると，それは，製品視点の考え方であり，そこには，消費者の視点が欠けているという．消費者の視点で考えれば，別に鉄道でなくてもいいのである．例えば，NYからボストンの間を，時間通りに，安全に，手ごろな値段で運んでくれさえするなら，別に鉄道でなくても，車でも飛行機でもいいのである．すなわち，鉄道会社は，製品視点（企業視点）で考えたなら「鉄道会社」かもしれないが，消費者視点からはむしろ「輸送会社」と考えるべきなのである．自分の製品やサービスしか見ることのできなかった「近視眼の」鉄道会社は，その後，1920年代のモータリゼーションや戦後に民間航空が発展する中，車や飛行機などとの競争に敗れ，没落して

いったのである．もし，鉄道会社が自らを「輸送会社」と考えていたなら，車や飛行機が出てきたときに，それらを自らの輸送サービスの中に取り込み，総合輸送会社として，いまも発展を続けていたかもしれないのである．

このようにレビットのマーケティング近視眼の議論から導き出される示唆は，ドメインの策定にあたっては，企業や製品視点から狭く自らを規定するのではなく，消費者視点にたって広く規定することが重要であると言うことである．

2　ドメインの広狭：レビットとアンゾフ

確かにレビットの言うように，消費者視点にたって，広くドメインを定義することによって，市場や環境の変化に柔軟に対応することが可能となる．例えば，チュッパチャプスのようなキャンディ・バーを作っている会社が，自社のドメインを策定する場合を考えてみよう．自社を「キャンディ・バー」会社と定義してしまうと，アメリカの鉄道会社の轍を踏むことになる．それで少し広く定義すると「キャンディ会社」．さらに広くしていくと，「スナック会社」，「食品会社」となり，究極の形が，例えば，「食文化に貢献する会社」や「日本人の食を豊かにする会社」などであろうか．こう定義することによって，例えば，健康志向やカロリー志向の高まりの中，キャンディの需要が落ち込んだとしても，この会社は，また違った形で食文化に貢献する道を探し出し，新たな事業展開をすることによって成長していくことが可能であろう．と，このように考えるのが，レビット流である．

それに反論するのが，経営学者のアンゾフ（Ansoff, H. I.）である（Ansoff 1965）．アンゾフは，鉄道会社を「輸送会社」とするドメイン定義は，広すぎてまとまりに欠け，だめだと言う．キャンディ・バー会社の例についてなら，「食文化に貢献する会社」というあまりに広い定義は，いろいろな可能性がありすぎてまとめることができないからだめだと言うであろう．実際，「食文化に貢献する会社」と言った場合，社員は自分たちが何をやっていいかわからない危険性がある．お菓子で貢献するのか，食材で貢献するのか，料理教室で貢

献するのか．子供に対して貢献するのか，それとも，大人なのか，老人なのか．何でもできる可能性がある反面，明確な方向付けがないのである．その点，例えば，「キャンディ会社」という狭い定義なら，ドメインが非常に明確で，社員は，例えば，「世界一のキャンディ会社を目指そう」と目標を立てたり，「そのためにヨーロッパの著名なキャンディ会社を調査研究してこよう」という明快な計画を考えたりすることができる．これは社内に対する話であるが，社外に対しても，「食文化に貢献する会社」というドメインは，ある意味あいまいで，その実態が見えにくい．一方，「キャンディ会社」の世界一を目指している会社なら，消費者にとっては非常にわかりやすい．このように，あまりに広い定義は社内的にも社外的にも不適切な戦略であり，より明確な狭い定義をとるべきだというのがアンゾフ流である．

　実際のドメイン策定に当っては，広狭それぞれのメリットとデメリットを勘案しながら，中間的なところで定義をすることになるが，その際のヒントを与えてくれるのが，エイベル（Abell, D. F.）の枠組みである．

3　エイベルの定義法

　エイベルは，ドメイン策定のための枠組みとして，図3-2のような3次元の枠組みを提示した（Abell　1980）．

　すなわち，自らの主要生存領域としてのドメインの策定の際には，①誰を満足させるのか（顧客層），②何を満足させるのか（顧客機能），③いかに満足させるのか（技術），という3つの次元に沿って定義していくべきだと言うのである．エイベルの著書の中では，3次元とも非常に細かく策定した例なども出てくるが，企業の長期的で全体的な方向性を決めると言う，ドメインの戦略的意義から考えて，むしろもっとざっくりした（広い）形で定義することが望ましいと考えられる．例えば，NECのCI（コーポレート・アイデンティティ）として一世を風靡した「C&C（Computer & Communication）」は，ドメインと考えることもできるが，コンピュータ技術を用いて顧客のコミュニケーションに貢献する，という意味で，ある程度広いドメインとなっている．また，定

図3-2 ドメインの定義法

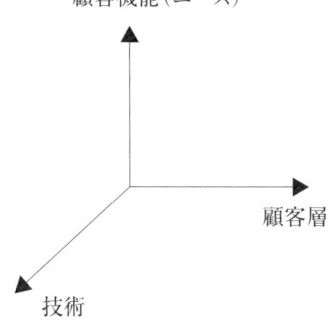

顧客機能(ニーズ)

顧客層

技術

(出典) Abell (1980), 訳書, p.37.

義に当っては，エイベルの3軸すべてを必ずしも用いる必要はないと考えられる．例えば，今述べたNECのC&Cは，顧客機能（コミュニケーション）と技術（コンピュータ技術）という2軸で定義した例と捉えることができるし，また，富士写真フィルムの「I&I (Imaging & Information)」も，顧客機能（イメージ＜映像＞を残したい）と技術（情報技術）という2軸による定義と考えられる．3軸の内，2軸で定義するということは，その2軸が残りの1軸より重要であるという表明であり，それもまたドメインを定義する1つのやり方だと考えられる．ただ，2軸だけで定義する場合の，2軸の選び方については，マーケティング戦略が企業と市場のマッチングの中から生まれるという原則から考えると，市場要因（顧客層・顧客機能）と企業要因（技術）から，一軸ずつを選ぶことが望ましいと考えられる（すなわち，顧客層と技術，もしくは，顧客機能と技術，の組み合わせ）．

第3節　事業ポートフォリオ分析

ドメインが定義されたなら，それが指し示す長期的な方向性に沿って，事業ポートフォリオ分析を行って，各事業の戦略の方向づけを行うことになる．

1 製品ポートフォリオ・マネジメント（PPM）

表3-1は，BCG（ボストン・コンサルティング・グループ）が開発した，製品ポートフォリオ・マネジメント（Product Portfolio Management；PPM）である．

表3-1 製品ポートフォリオ・マネジメント

市場成長率	スター (Star)	問題児 (Problem Child)
	金のなる木 (Cash Cow)	負け犬 (Dog)

高　　　1.0　　　低
相対市場シェア

（出典）Boston Consulting Group (1968).

複数事業を展開する企業は，SBU（Strategic Business Unit；戦略事業単位）としての各事業を，当該市場の市場成長率（縦軸）と当該市場における相対市場シェア（横軸）の高低に基づいて，「スター」事業，「金のなる木」事業，「問題児」事業，「負け犬」事業の4つに分類するのである（ここで，相対市場シェアとは，自社を除く業界各社のうち最大手と自社のシェア比のこと）．このPPMは，キャッシュがどの事業で生み出され，どの事業で使われるのかを基に，各事業の最適投資バランスを決定する手法であるが，その理論的根拠は次のようなものである．まず横軸に関しては，規模効果と経験効果に基づき，シェアの高い事業ほど，多くのキャッシュフローを生み出すと考える．規模効果は規模の経済性に基づくものであり，経験効果は経験曲線に基づくものである．経験曲線（experience curve）とは，経験（累積生産量）が増えるにしたがって，単位当りコストが低下すると言う右下がりの曲線であるが，その理由としては，特定職務反復による能率向上，作業方法の改善，資源ミックスの改善，製品の標準化，などがあげられる．一方，縦軸は，PLC（製品ライフサイクル）に基づき，市場成長率の高い事業ほど，多くのキャッシュフローを必要

とすると考える．すなわち，市場成長率の高い導入期や成長期の事業は，新製品であることから多額の広告費や流通対策費，また成長製品であることから生産設備の増強などに多くの資金が必要となる．その点，成長率の低い成熟期や衰退期の事業は，それら費用が少なくて済むのである．以上の結果，キャッシュフローを最も多く生み出すのが，（入るのが多く出るのが少ない）「金のなる木」事業となる．

このような枠組みにしたがって，PPMでは，各事業への最適投資バランスと，各事業の基本戦略が策定される．その概要は，図3-3の通りである．

図の「最適なキャッシュフロー」の太線矢印にあるように，「金のなる木」事業から，「問題児」事業へとキャッシュフローを流していくのが重要なポイントである．「金のなる木」事業は，上記で見たようにキャッシュフローが潤沢な事業であるが，反面，成熟期の事業であることが多く，資金需要は相対的にはそれほど大きくはない．一方，「問題児」事業は，相対市場シェアが低いことからキャッシュフローはあまり入ってこないが，成長期の事業であることから資金需要は旺盛である．つまり，資金は持っているが必要でない「金のなる木」事業と，資金は持っていないが必要である「問題児」事業があるわけであ

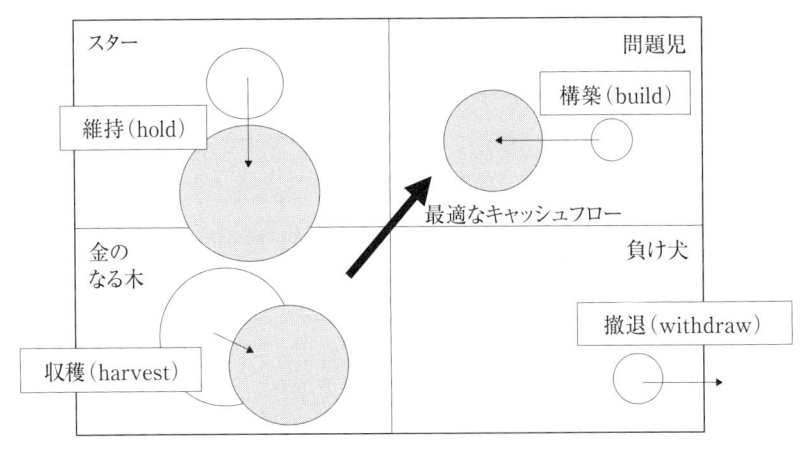

図3-3　PPMの基本戦略

（出典）Day (1977), p.34などを参考に作成．

り，両事業を展開する企業としては，「金のなる木」事業から「問題児」事業へと，キャッシュフローを流していくのが最適な投資バランスであり，最適な全社的成長戦略となるのである．4つの事業ごとの基本戦略は，図に示したように，構築（build），維持（hold），収穫（harvest），撤退（wighdraw）であるが，各セルの上下左右のどの位置にあるかで，戦略は微調整される．

2　GE グリッド

上で見た PPM は，2×2 の非常にわかりやすい枠組みであり，また市場成長率と相対市場シェアという2要因さえ把握できればすぐに分析が可能であるという簡易性もあいまって普及しているが，一方で，①2要因だけでは不十分，②相対市場シェアを用いると多くの事業が右半分に入ってしまう，などさまざまな問題点も同時に指摘されている．そのような問題点を克服する形で提

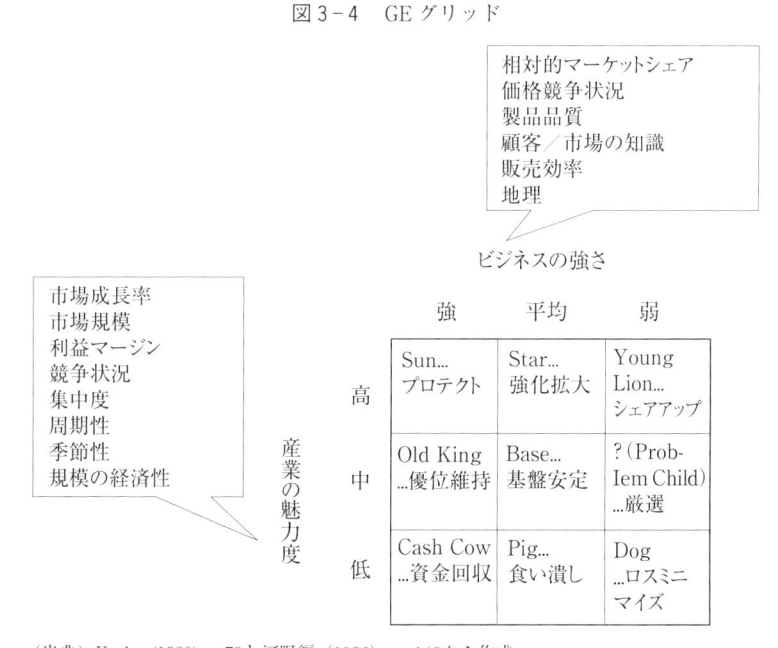

図 3-4　GE グリッド

相対的マーケットシェア
価格競争状況
製品品質
顧客／市場の知識
販売効率
地理

ビジネスの強さ

市場成長率
市場規模
利益マージン
競争状況
集中度
周期性
季節性
規模の経済性

産業の魅力度		強	平均	弱
	高	Sun...プロテクト	Star...強化拡大	Young Lion...シェアアップ
	中	Old King...優位維持	Base...基盤安定	?(Problem Child)...厳選
	低	Cash Cow...資金回収	Pig...食い潰し	Dog...ロスミニマイズ

（出典）Kotler (1980), p.79 と河野編（1986），p.148 から作成．

案されたのが，GE (General Electric) による GE グリッドである (図3-4).

図に見られるように，市場側要因（産業の魅力度）として，PPMの市場成長率に加え，市場規模や利益マージンなど多くの要因を追加し，また，企業側要因（ビジネスの強さ）に関しても，PPMの相対市場シェアに加え，製品の品質や，顧客／市場の知識など多くの要因を考慮に入れている．実際の運用に当っては，各企業の各事業担当者が，業界の特性を考えながら要因の選択および重み付けを行い，それらに基づいて当該事業の魅力度と強さを評価することになる．このGEグリッドを導入している日本の電機メーカーでは，各事業部および本社経営企画室がそれぞれ独自の評価に基づき，各事業の位置づけ（9セルのどこに位置づけるか）を個別に行い，両者の案をつきあわせ議論することによって，最終的な各事業の位置づけを確定していると言う．

第4節　競争構造の分析

PPMやGEグリッドの分析によって，各事業の基本的戦略が確定されたなら，次には，各事業ごとの競争戦略が選択されることになる．この競争戦略選択の前段階において，戦略選択の基礎情報を提供するのが，当該産業の競争構造の分析である．

1　ポーターの5つの競争要因

経営戦略論のポーター (Porter, M. E.) によると，業界の収益性を規定する競争要因には，5つのものがあるという（図3-5）．

図にみられるように，垂直的には，売手（供給業者）と買手（流通業者・消費者・組織購買者）の2要因，水平的には，新規参入業者，競争業者，代替品，という3要因である．ここでのポイントは，競争といった場合に，目前の同業他社（図表の「競争業者」）との競争を考えるだけでは不十分であり，新規参入業者や代替品，また，売手や買手までをも考慮に入れなければならないと言うことである．ビール会社を例にとるなら，同業競合他社に加え，地ビール

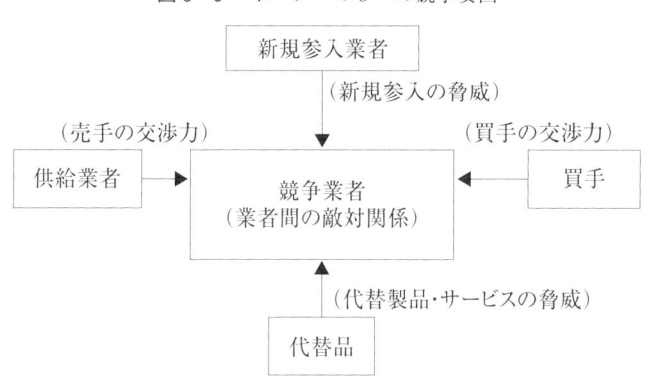

図3-5　ポーターの5つの競争要因

```
                         ┌──────────────┐
                         │  新規参入業者  │
                         └──────┬───────┘
                          (新規参入の脅威)
                                ↓
  (売手の交渉力)                                (買手の交渉力)
┌────────┐      ┌──────────────────┐      ┌────────┐
│ 供給業者 │─────→│     競争業者       │←─────│  買手   │
└────────┘      │ (業者間の敵対関係)  │      └────────┘
                 └──────────┬───────┘
                            ↑
                   (代替製品・サービスの脅威)
                      ┌──────────┐
                      │  代替品   │
                      └──────────┘
```

(出典) Porter (1980), 訳書, p.18.

メーカー（新規参入業者），ワインや酎ハイのメーカー（代替品），さらに，売手（原料メーカーや製罐業者）や買手（流通業者や消費者，料飲店）までをも，競争要因としてとらえていかねばならないということである．

2　参入障壁と移動障壁

5つの競争要因の内，目前の競争業者との競争を考える上で参考となるのが，参入障壁（entry barriers）と移動障壁（mobility barriers）という2つの概念である．

① 参入障壁

参入障壁とは，当該業界に，業界外の会社が参入しようとするときに，その障害となる障壁のことである．代表的な参入障壁としては，規模の経済性，必要投資額，サンク・コスト（埋没費用），製品差別化，チャネルの確保，特許，法的・行政的規制，などがある．例えば，自動車業界は規模の経済性が大きく働く，必要投資額の大きな業界なので，業界外の会社が新規参入することは非常に難しい．また，コーラ業界では，コカコーラが製品および広告戦略で圧倒的な製品差別化を行っているので，他の飲料メーカーはコーラ飲料の製造に参入するのに二の足を踏んでいる感がある．一方，ビールの小売においては，酒

販免許が必要と言う法的な規制があるので，誰もがビールの販売業に参入することはできない．このように，参入障壁が高いと，新規参入が少なく，業界内の競争はゆるやかなものになり，一般に，業界の利益率は高いものになる．反対に，参入障壁が低いと，新規業者も容易に参入することができるので，当該業界の競争は厳しいものになる．このように，業界の参入障壁を分析することは，当該業界の競争状況を分析する非常に有用な手段である．ただ，確かに参入障壁が低いと新規参入は容易であるが，だからと言って，その新規参入業者が成功するとは限らない．それを説明するのが，次にみる移動障壁という考え方である．

② 移動障壁

一般に，業界内の企業を見渡すと，同様な戦略パターンをもつ複数の企業グループを識別することができるが，それらは戦略グループと呼ばれる．例えば，電子レンジ業界は，川上統合度（中核部品であるマグネトロンを内製しているかどうか）と販売チャネルによって，3つの戦略グループに分けることができる（①川上統合度が高く家電系チャネルの松下電器や東芝，②川上統合度が低く家電系チャネルのシャープや三菱電機，③川上統合度が低く家庭用品系チャネルのタイガー魔法瓶や象印マホービン）．そして，これら戦略グループ間の移動に対する障壁のことを，移動障壁と呼ぶのである．

ある電機メーカーの経営企画担当者によると，電子レンジはマグネトロンさえ買ってくればあとはハコを作るだけの簡単なものであり，参入障壁はそれほど高くないと言う．それでは，新規参入業者も容易に利益を出せるかというとそうではなく，それを規定するのが移動障壁なのである．例えば，上記3グループの内，タイガーや象印は後発に参入した業者であるが，依然として業界でのシェアは下位に低迷している．その理由の一つは，業界上位の松下やシャープの戦略グループと同様な戦略がとれない（それら戦略グループへの移動障壁が高い）ことが考えられる．すなわち，松下や東芝，またシャープや三菱電機の戦略グループは，家電系のチャネルをおさえているので，電子レンジ

など家電製品の主要チャネルとなっている家電量販店への交渉力も大きい．その結果，大きな売上を達成し，シェア上位を維持している．それに対し，タイガーや象印は家電系チャネルへの交渉力が弱く，その結果，家電量販店に対し松下やシャープのような戦略がとれないのである．このように，移動障壁の高い戦略グループが業界内に存在する場合には，当該戦略グループの外側にいる企業にとっては，非常に厳しい競争にさらされることになる．

第5節　競争戦略の選択

5つの競争要因および参入障壁・移動障壁を分析することによって，業界の競争構造が理解されたなら，それらに基づいて，各事業の競争戦略の選択が行われる．ここでは，ポーターの3つの基本戦略，アンゾフの成長マトリックス，競争地位別戦略，の3つを取り上げる．

1　ポーターの3つの基本戦略

前出のポーターによると，企業の競争戦略は，他社に対する競争優位のタイプ（コスト優位／差別化）と戦略ターゲットの幅（広／狭）に基づき，①コスト・リーダーシップ，②差別化，③集中（コスト集中および差別化集中）という3つの基本戦略に分類されるという（表3-2）．

まず，コスト・リーダーシップ戦略は，コストという判断基準の明快な尺度

表3-2　ポーターの3つの基本戦略

ターゲットの幅	競争優位のタイプ	
	低コスト	差別化
広	1．コスト・リーダーシップ	2．差別化
狭	3A．コスト集中	3B．差別化集中

（出典）Porter (1985)，訳書，p.16.

上での低コストを達成することによって競争優位を構築する戦略である．コスト削減の対象としては，生産コストの他に，調達コスト，流通コスト，開発コスト，情報コスト，その他さまざまなコストが考えられる．そのための戦略変数は，ポーターによると，規模の経済性，操業度，チャネルとの共同行動・垂直統合，社内他事業部との共同行動，参入時期（先発・後発），技術投資，等々さまざまな企業活動が考えられる（どの次元が重要かは業界によって異なる）．

次に，差別化戦略は，消費者が欲する何らかの次元において，自社を他社から差別化する戦略である．差別化の対象として，製品の他に，販売チャネル，広告・販促，アフターサービス体制，その他多くの企業活動が考えられる点は，コスト・リーダーシップ戦略と似ている．しかし，コスト・リーダーシップ戦略がすべての戦略次元で，「低コスト」という単純明快な目標を設定できるのに対し，差別化戦略は一筋縄ではいかない．それは，差別化の方向性がコストのように一方向ではなく，例えば，ビデオカメラ1つとっても，ズーム機能や液晶画面の大きさ，色やデザインなど，実にさまざまな差別化が考えられるからである．そういった意味で，差別化戦略は非常に創造性の要求される戦略である．差別化戦略をとっていると言われる企業としては，ソニーやホンダなどが代表的である．

最後に，集中戦略は，ターゲットを業界平均より狭く限定し，そこに集中する戦略であり，競争優位のタイプによって，コスト集中と差別化集中に分けられる．どちらの集中戦略をとるにせよ，狭いターゲットに集中することによって，そのターゲットに最適な戦略を展開することが可能になる．例えば，自動車業界でポルシェは，ターゲットを高級スポーツカー市場に集中しているが，そのターゲットに対し，トヨタはソアラやMR-Sなどしか提供できない．このように妥協しなければならない理由には，コストの問題や企業イメージの問題などがあるだろう．このように広ターゲット企業は，特定ターゲットに対し最適な戦略は打ちづらいわけであり，そこが集中戦略企業の狙い目となる．

2 アンゾフの成長マトリックス

先に見たアンゾフは,企業の成長の方向性を分析する枠組みとして,表3-3のような成長マトリックスを提案している.

表3-3 アンゾフの成長マトリックス

市場＼製品	既　存	新　規
既　存	市場浸透	製品開発
新　規	市場開拓	多角化

（出典）Ansoff (1957), p. 114.

表にみられる様に,競合他社との競争に打ち勝ち,持続的成長をしていくための考慮要因として,製品と市場という2要因をとりあげ,それぞれ既存(製品・市場)で競争するのか,新規(製品・市場)で競争するのかと言う,4つの戦略オプションを提示しているのである.

市場浸透戦略は,既存製品の既存市場での売上拡大を目指す戦略であり,そのための方策としては,①使用頻度の増加,②1回当りの使用量の増加,③新しい用途の開発,などが考えられる(cf. Kotler 1991).次に,市場開拓戦略は,新規市場の開拓をめざす戦略であり,女性から男性へ,子供から大人へ,関西から関東へ,などさまざまな拡大方向が考えられる.続いて,製品開発戦略は,既存市場に新たな新製品を開発・導入する戦略であり,ビール業界や菓子業界,また化粧品業界などで毎年見られる戦略である.最後に,多角化戦略は,新しい市場に新しい製品を投入する戦略で,既存の戦略と大きく異なるリスクの高い戦略であるが,反面,成功した際のリターンも大きい戦略である.新規製品・新規市場と言うことで,どんな戦略でも理論的には選択可能であるが,やはりその際には,自社のドメイン(主要生存領域)やビジョンに照らし合わせた適切な戦略の選択が必要である.

3 競争地位別戦略

競争地位別戦略とは，市場における競争地位に応じて，競争戦略の基本が異なると言う考え方である．一般に，市場における競争地位は，そのシェア順位に応じて，リーダー (leader)，チャレンジャー (challenger)，フォロワー (follower)，ニッチャー (nicher) の4つに分けられる．すなわち，業界のトップ企業のリーダー，2番手以下のチャレンジャー，中下位のフォロワー，シェアは大きくはないが特定製品や特定市場に集中するニッチャーである（cf. Kotler 1980，嶋口 1984）．自動車業界で考えるなら，トヨタがリーダー，ホンダや日産がチャレンジャー，マツダや三菱自工がフォロワー，軽のスズキやダイハツがニッチャーと言えるかもしれない（海外なら高級スポーツカー市場に集中しているポルシェやフェラーリがニッチャー，など）．

① 4競争地位ごとの戦略定石

嶋口充輝は，これら4つの競争地位ごとに，表3-4のような戦略定石を提示している．

表3-4　4競争地位ごとの戦略定石

競争類型	戦　略　定　石			
リーダー	全方位	周辺需要拡大	非価格競争	同質化対応
チャレンジャー	対リーダー差別化			
フォロワー	模倣	低価格対応		
ニッチャー	集中	ミニリーダー戦略		

（出典）嶋口・石井（1995），pp. 199-207より作成．

市場のトップ企業のリーダーは，現在の最大シェア，最大利潤，名声（ブランドイメージ）を維持することが目標となるため，競争の基本方針は市場内のすべてに対応する全方位戦略が基本となる（ターゲットはフルカバレッジ，製品もフルライン，など）．その基本を押さえた上で，周辺需要拡大，非価格競争，同質化対応という3つの定石が加わる．まず周辺需要拡大とは，業界全体

の需要を底上げしていく戦略であり，拡大した新規需要が現在のシェア比に応じて各企業に分配されるとするなら，結果的に，リーダーの取り分が最も大きくなるわけである．また，PLC が成長後期や成熟期であるなら，新規需要を構成する消費者は，イノベーション普及過程研究で言う後期大衆や採用遅滞者である可能性が高い．このような消費者は購買決定をブランドイメージに左右される可能性が高く，その意味でも，リーダーに有利な戦略と考えられる．次に，非価格競争がリーダーの戦略定石となるのは，価格競争をすると，価格引き下げ競争を招来し，その場合，利益の落ち込みもブランドイメージの傷つき方も，リーダーが一番大きいからである．3 つめの同質化対応とは，簡単に言ってしまえば，競合他社の真似をするということである．真似をするという行為は企業イメージを悪くするであろうし，また真似をするということは後発であるわけだから，普通に考えれば成功するとは考えにくい．しかし，リーダー企業がブランドイメージや販売力，また生産力などで圧倒的な優位を築いている業界では，非常に効果的かつ強力な戦略となるのである．リーダーの強さについては，後ほど項を改めて再度議論する．

　次に，チャレンジャー企業の戦略定石は，対リーダー差別化が基本となる．業界 2 番手以下のチャレンジャー企業は，ある程度豊富な経営資源をもってはいるが，業界 1 番手のリーダーと比べると，やはり遜色がある．したがって，彼らチャレンジャー企業が，リーダーと同じ戦略をとっていると，ブランドイメージの差やコスト競争力の差などで，競争に負けてしまう．したがって，製品の品質・イメージ・価格，販売チャネル，広告・販促，アフターサービス体制，顧客との関係づくり，等々，さまざまな面での対リーダー差別化を図っていかねばならないのである．

　続いて，業界中下位のフォロワー企業は，それほどの経営資源は持ち合わせていないため，リーダーなどの成功した戦略を模倣し，製品開発その他のコストを極力抑えることによって，低価格品市場において利益をあげていくことが基本となる．

　最後に，ニッチャー企業は，シェアではなく利潤と名声・イメージを目標と

して，集中戦略を基本とする．そして集中した市場においては，リーダーの戦略定石をとることになる（ミニリーダー戦略）．例えば，ポルシェが高級スポーツカー市場におけるリーダーだとすると，ポルシェは高級スポーツカー愛好者すべてを対象に製品開発を行い（全方位），高級スポーツカー市場を拡大する努力を行い（周辺需要拡大），価格競争は決して行わず（非価格競争），シェア下位のフェラーリがＦ１マシンのようなシーケンシャルシフトを装備した新車を出したなら自社製品にも同様に搭載する（同質化対応）のである．

② リーダーの強みを弱みに変える

　以上，嶋口の諸説を中心に，4競争地位ごとの戦略定石をみてきたわけであるが，そこで感じられるのは，リーダーの強さである．なぜなら，リーダーの牙城を脅かすのは2番手以下のチャレンジャー企業であろうが，このチャレンジャーがいくら対リーダー差別化を行っても，リーダーには同質化対応と言う決定的な着手があるのである．松下電器は，昔，他社製品の同質化対応をすると揶揄されていたことがあるが，いくら揶揄されようと全国2万5千店の強固な販売網と，それにもちろんリーダー企業としてのブランドイメージがあれば，後から後発で同質化しても，結局一番売れることになるのである．ビール業界における発泡酒戦争についても同様の構図が見られる．

　このような状況に対し，山田英夫は，リーダーが同質化できない差別化を行えと提案する（山田　1995）．その議論の中で展開されるキーワードの1つが，「リーダーの強みを弱みに変える」戦略である．リーダー企業が豊富に持つ強みを弱みに転換させることができたなら，チャレンジャー企業にも勝機は見えてくる．近年の例では，「規格（standard）」と「チャネル」がその代表的な切り口と考えられる．

　多くの家電製品でシェアトップを誇る松下電器が，1994～96年にビデオカメラ市場でシェア3位に甘んじていたのは，シェア上位のソニーとシャープが8 mmであったのに対し，松下はVHS-Cであったという違いが1つの要因と考えられる．VHSで成功した松下としては，その強みが8 mm移行の阻害要因

となって，なかなかソニーやシャープの戦略に同質化できなかったと考えられる．このように「規格」の変わり目は，チャレンジャー企業にとっては大きな逆転のチャンスなのである．

　一方，「チャネル」の変化も大きなチャンスを生み出す．例えば，近年，損保業界のアメリカンホーム保険や，パソコン業界のデルコンピュータのように，ダイレクト販売で業績を伸ばしている企業が見られる．それに対し，損保業界やパソコン業界のリーダー企業の同質化対応の動きは鈍い．その理由は，損保業界では代理店や販売部員を，またパソコン業界では卸や小売と言った，従来型のチャネルのことを考えると（そのおかげで現在のリーダーの地位があることを考えると），ダイレクト販売に打って出にくいのである．そういった意味では，近年のインターネットの急速な普及は，シェア2番手以下のチャレンジャー企業にとって，まさに大いなるチャンスをもたらしているのである．

第6節　マーケティング・マネジメント

　以上の戦略的マーケティングによって，各事業の基本的な戦略の方向性が確定したなら，次には，マーケティング・マネジメント（いわゆるマーケティング）の段階に入り，各事業ごとに，市場・消費者分析を基に，4P（製品・価格・コミュニケーション・流通チャネル）のマーケティング・ミックスが策定されていくことになるのである．その実際については，以下の章で説明されることになる．

参 考 文 献

嶋口充輝（1984），『戦略的マーケティングの論理』誠文堂新光社.
─────・石井淳蔵（1995），『現代マーケティング［新版］』有斐閣.
河野豊弘編（1986），『長期経営計画の実例』同文舘.
三浦俊彦（2000），「マーケティング・マネジメントの上位概念としてのグローバル・マーケティング─グローバル・マーケティングの概念規定に関する一考察─」『中央大学企業研究所年報』（第21号），中央大学企業研究所.
─────（2000），「競争分析」和田充夫・恩蔵直人・三浦俊彦共著『マーケティング戦

略［新版］』有斐閣.

───(2000),「競争対応」和田充夫・恩蔵直人・三浦俊彦共著『マーケティング戦略［新版］』有斐閣.

山田英夫 (1995),『逆転の競争戦略』生産性出版.

Abell, D. F. (1980), *Defining the Business : The Starting Point of Strategic Planning*, Prentice-Hall.（石井淳蔵訳 (1984),『事業の定義』千倉書房.）

Ansoff, H. Igor (1957), "Strategies for Diversification," *Harvard Business Review*, 35 (September-October), pp. 113–124.

───(1965), *Corporate Strategy : An Analytic Approach to Business Policy for Growth and Expansion*, McGraw-Hill.

Boston Consulting Group (1968), *Perspectives on Experiences*, Boston.

Day, Gerorge S. (1977), "Diagnosing the Product Portfolio," *Journal of Marketing*, 41 (April), pp. 29–38.

Hofer, Charles W. and Dan Schendel (1978), *Strategy Formulation : Analytical Concepts*, West Publishing Co.

Kotler, Philip (1980), *Marketing Manegement (4th ed.)*, Prentice-Hall.

───(1991), *Marketing Manegement (7th ed.)*, Prentice-Hall.（村田昭治監修 (1996)『マーケティング・マネジメント（第7版)』プレジデント社.）

Lambin, Jean-Jacques (1986), *Le Marketing Stratégique*, McGraw-Hill, Paris.（三浦信・三浦俊彦訳 (1990)『戦略的マーケティング』嵯峨野書院.）

───(1990), *Le Marketing Stratégique (2 ème ed.)*, McGraw-Hill, Paris.

Levitt, Theodore (1960), "Marketing Myopia," *Harvard Business Review*, 38 (July-August), pp. 45–56.

Porter, M. E. (1980), *Competitive Strategy*, The Free Press.（土岐・中辻・服部訳 (1982)『競争の戦略』ダイヤモンド社.）

───(1985), *Competitive Advantage*, The Free Press.（土岐・中辻・小野寺訳 (1985)『競争優位の戦略』ダイヤモンド社.）

第 4 章

消費者行動分析

第1節　消費者行動分析とマーケティング戦略

　マーケティングの4P戦略を示したマッカーシー（McCarthy, E. J.）がその図の中心に顧客を置いたように，マーケティング戦略は，顧客や消費者の分析から始まる．実際，マーケティング戦略のステップは，①市場機会分析，②標的市場の確定，③競争的ポジショニング，④最適マーケティング・ミックスの策定，といわれるように，4P（製品・価格・コミュニケーション・流通チャネル）の最適マーケティング・ミックスを策定する基礎として，消費者行動分析があるのである．

第2節　消費者行動の分析次元：個人と集団

　消費者行動の分析次元としては，まず，個人としての消費者，がある．19世紀末の雑誌広告への消費者反応の研究や，1920年代の消費者の購買動機の研究に見られるように，企業の視点から消費者をとらえる時，企業が知りたいのは，①消費者のニーズ，②（諸マーケティング手段への）消費者の反応，の2

つである．消費者のニーズが分かれば，そのニーズを満たす製品が開発できるわけであり，また，諸マーケティング手段への消費者の反応が分かれば，よりよい反応をもたらす広告，価格，流通チャネルの諸戦略が展開できるのである．これら，個人としての消費者に対しては，主に心理学的な方法論を中心に研究が積み重ねられてきている．

もう1つの分析次元は，集団としての消費者，である．1930年代の社会階層の研究や1940年代のマス・コミュニケーションの研究などに見られるように，消費者は単に個人として存在するだけでなく，周りの他者に影響を与え，また他者から影響を受ける存在でもあるのである．この集団としての消費者に対しては，主に社会学や社会心理学の方法論が用いられてきている．

第3節　個人としての消費者

上で見たように，個人としての消費者について企業の知りたいことは，消費者のニーズと消費者の反応であり，したがって，個人としての消費者を分析する研究は，それぞれに対応する形で，(1)「ニーズの把握」の消費者行動研究，(2)「反応（選択）過程の解明」の消費者行動研究，の2つに分けることができる（図4-1）．

図4-1　2つの消費者行動研究：「ニーズの把握」と「反応（選択）過程の解明」
　　　　(1)「ニーズの把握」の消費者行動研究

| 企　業 | ←――――――→ | 消費者 |

　　　　(2)「反応（選択）過程の解明」の消費者行動研究

1　「ニーズの把握」の消費者行動研究

企業にとって消費者ニーズの把握は，売れる製品を開発するためにはぜひとも必要なことであり，マーケティング活動の最も重要な基礎をなすものであ

る．以下では，①マズローの欲求5段階説，②モチベーション・リサーチ，③知覚マップ，④ライフスタイル研究，という4つの代表的研究について検討する．

① マズローの欲求5段階説

心理学者のマズロー (Maslow, A.) は，人間の動機について，欠乏動機（身体的・心的平衡の回復を求める）よりも成長動機（現状からさらに先に進むことを求める）を強調し，その欲求には次の5つの段階があるとした．すなわち，1) 生理的欲求（生命維持に関する欲求），2) 安全の欲求（身体の安全・精神の安定），3) 所属と愛情の欲求（集団内での地位確保），4) 承認の欲求（他者からの承認），5) 自己実現の欲求（自己の可能性の発揮），である．

このマズローの欲求5段階説を用いると，日本の戦後社会の変遷をうまく説明することができる．まず1945年以来の戦後復興期においては，人々は食料を，安全を，働き口を求めていたと言える（マズローの第1～第3の欲求）．その後，1950年代後半以降の高度成長期になると，「隣に負けるな」の意識の下，人々は，3種の神器（冷蔵庫・洗濯機・白黒テレビ）や3C（車・クーラー・カラーテレビ）を競って買い集め，また「いつかはクラウンに」という広告コピーが流行ったように，周りから認められたいという，第4の承認の欲求の時代となっていった．それが，2度のオイルショックを経た1970年代後半以降の成熟社会になると，人々の価値観は大きく多様化し，他人からどう見られようと自分が満足できる生活がしたいという，第5の自己実現の欲求の時代に入ったのである．高度成長期と現代に続く成熟社会の特徴を比較すると，表4-1のように表せる．

マズローの欲求5段階説の消費者行動研究への貢献としては，人々のニーズの大枠を把握する枠組みを提示した点にある．すなわち，現在の日本の消費者ニーズは，マズローのいう第5の自己実現の欲求の段階にあることが理解される．したがって，企業のマーケティング担当者は，消費者のニーズの多様性を念頭において，多品種少量生産や多頻度小口流通を展開していかねばならない

表4-1 高度成長期と現在の比較

	高度成長期	現在
1）主体	大衆	少衆・分衆
2）欲求	同一化（上昇志向）	差異化（水平志向）
3）満足	量的満足	質的満足
4）生産	大量生産	多品種少量生産
5）流通	大量流通	多頻度小口流通

ことが示唆される．一方，日本企業が，いまだ発展途上にあるアジア諸国の消費市場に対してマーケティングを行っていく際には，当該地域における消費者のニーズがマズローの言う第4の承認の欲求の段階に留まっていることが予想されるわけであり，したがって，日本におけるマーケティングとは異なるマーケティングを展開しなければならないことを教えてくれるのである．

② モチベーション・リサーチ（動機調査）

1950年代にアメリカでブームになったモチベーション・リサーチ（motivation research）は，定性的な調査によって消費者の深層心理に接近し，消費者の購買動機や隠れたニーズを明らかにしようとするものである．その理論的基礎は，フロイト（Freud, S.）の精神分析に求められる．

代表的方法としては，深層面接法（depth interview），集団面接法（group interview），投影法（projection method）などがある．この内，集団面接法は，現在の企業においてもよく用いられるものであり，消費者を6〜8人程度集め，企業側の司会進行の下，参加者の自由なディスカッションを通して，彼らのニーズや意識を探るものである．

このモチベーション・リサーチは，少数の消費者の意識をじっくりと尋ねることによって，質問票調査ではすくい取れない消費者の深層のニーズをとらえられるというメリットがある反面，少数であるというまさにその理由から，企業がターゲットとする多数の消費者に敷衍していいのかという限界もあわせ

持っている．また，ディスカッションの解釈が分析者の主観に左右されるという特徴も大きな問題点である．このように客観性や普遍性に疑問の残るモチベーション・リサーチは，リサーチの結果得られた知見を大量サンプルの質問票調査などで検証することによって，その限界を克服することが可能である．

ただ，モチベーション・リサーチの結果を検証する必要はないという考え方もある．例えば，セレクトショップの Beams は，半歩先を行っているなと判断した先端顧客をある程度の数つかまえることによって，何万人分のアンケートに勝る情報が得られると述べている．このようなファッション関係の業界（感情型製品の業界）においては，市場の平均値はあまり意味がないわけであり，むしろ，先端層のファッション・リーダー達のモチベーション・リサーチだけで十分な知見を得る場合もあると考えられる．

③　知覚マップ

大量サンプルの質問票調査に基づいて，知覚マップ（perception map；消費者が特定製品市場における諸ブランドをどのように知覚しているかを xy 平面上に表したもの）を作成することによって，消費者の自社製品および競合製品についての意識やニーズを明らかにできる．

図4-2は，ファッション・ブランドのイメージ特性（機能的，値段が手頃，女性らしい，など）に対する消費者調査の結果に対し，因子分析という統計的手法を用いて xy の 2 軸を析出して作成された知覚マップである（パソコンの高性能化や統計ソフトの低価格化が進む中，消費者調査に基づく知覚マップの作成は非常に容易なものになってきている）．

例えば，第 4 象限のハナエ・モリは，メルローズやインゲボルグに似たブランドとして消費者から知覚されていることがわかる．したがって，仮にあなたがハナエ・モリのブランド・マネジャーであるなら，差別的優位性を獲得し売上を拡大していくためには，ハナエ・モリ・ブランドの再ポジショニング戦略をとる必要があるかもしれない．このように，知覚マップは，その作成によって，単に現在の市場における消費者の知覚を把握できるだけでなく，その現在

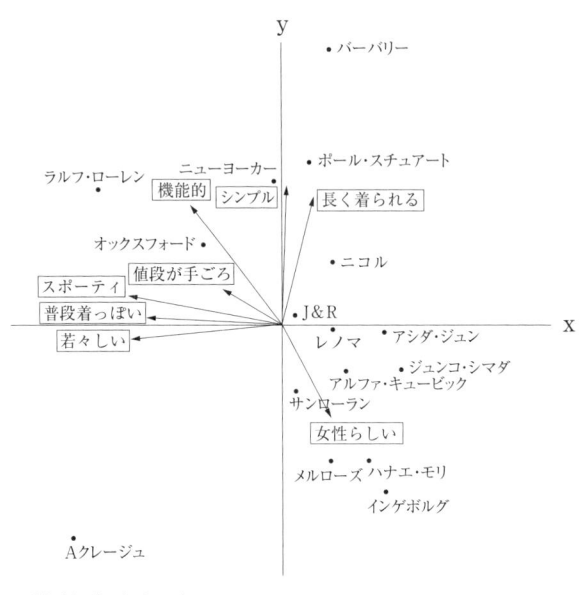

図4-2 ファッション・ブランドの知覚マップ

(出典) 片平 (1987), p.129

の布置状況に基づいて，今後のブランド戦略への示唆を与えてくれるという点で，戦略的に非常に有用な手法である．

④ ライフスタイル分析

　所得や年齢・性別といった人口統計学的・社会経済的変数が，市場・消費者を分析する軸として重視されていた高度成長期が終わり，人々が自らの個性を主張する自己実現の時代に移行する中，消費者行動・マーケティング分野で一躍脚光を浴びたのが，ライフスタイル概念である．ここで，ライフスタイル (lifestyle) とは，文字通り，生活のスタイルのことであり，所得や年齢といった消費者の生活の一側面でなく，消費者の自身の生活に対する考え方や価値観まで含んだ，より包括的な概念である．

　このライフスタイルに関する代表的研究としては，大規模な消費者調査に基づき，アメリカ人の9つのライフスタイル類型を示したVALS（Value and

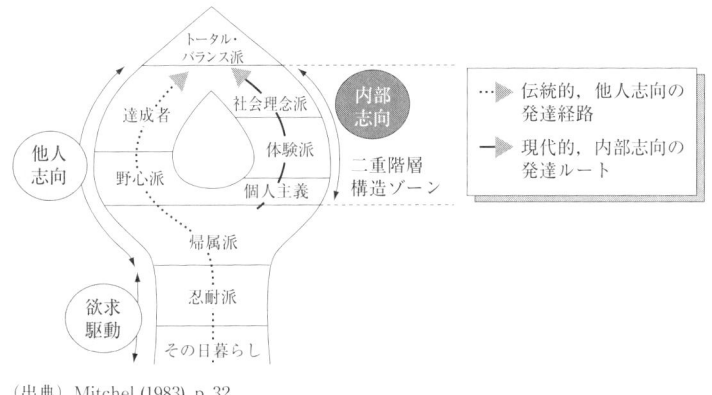

図4-3 ライフスタイルの二重階層構造

(出典) Mitchel (1983), p. 32.

Lifestyles) 研究がある．このVALS研究の1つの特徴は，そこで得られた9つのライフスタイル類型を，マズローの欲求5段階説とリースマンの同調様式の類型などを基に，二重階層構造という1つのシステムとして構造化した点にある（図4-3）．

図表にみられるように，「その日暮らし」から「トータル・バランス派」に至る垂直的な流れは，マズローの欲求5段階説に依拠している一方で，「他人志向」・「内部志向」という左右の2つの道筋は，行動の基準を他人に置くか自己に置くかというリースマンの同調様式の研究に，(時代区分はリースマンと異なるが) 置いていると考えられる．

このようなライフスタイル研究がもたらす貢献は実に大きい．例えば，図表中の「野心派」のライフスタイルを持つ消費者は，自らの社会的成功をめざして自らの消費行動を律しているであろうし，「社会理念派」の消費者は，環境志向の購買行動を行うことが予想される．このようにライフスタイル概念は，消費者のニーズをその根底から全体として把握するものであり，自己実現の現代には非常に有用な分析用具である．実際，このライフスタイルは，生活に関する質問項目に対する消費者調査の結果を因子分析およびクラスター分析することによって容易に析出することができるものであり，その意味でも，客観的

な分析が可能な概念である．

2 「反応（選択）過程の解明」の消費者行動研究

広告や価格，流通チャネルといった企業の諸マーケティング手段に対して，消費者がどのように反応するか（また，製品を選択するか）の代表的研究としては，①S-Rモデル研究，②S-O-Rモデル研究，③消費者情報処理研究，がある．

① S-Rモデル研究

これは，消費者をブラック・ボックスと捉え，そこにインプットされる刺激（S；Stimulus）と反応（R；Response）の関係を分析するものであり，その理論的基礎は行動主義心理学に求められる（図4-4）．

図4-4 S-Rモデル

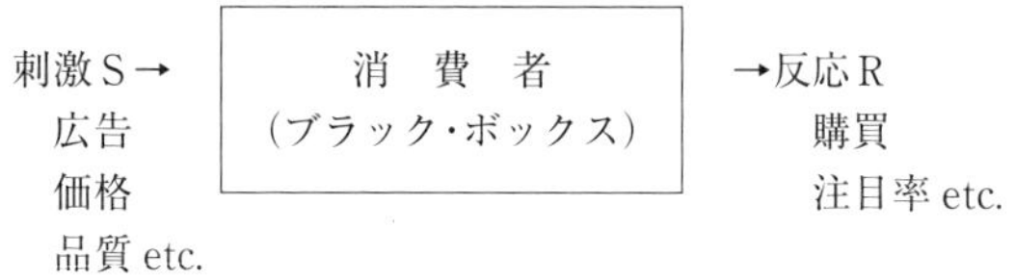

```
刺激S→    ┌──────────┐    →反応R
広告      │  消 費 者  │      購買
価格      │（ブラック・ボックス）│      注目率 etc.
品質 etc. └──────────┘
```

例えば，消費者への広告投下量を刺激S，購買額を反応Rとして，両者の関係を回帰分析などで明らかにすることができる．20世紀初頭のゲイル（Gale, H.）やスコット（Scott, W. D.）の広告研究は，この範疇に分類することができる．

この研究は，解釈が主観的になりやすい消費者の心の中をブラック・ボックスのまま残し分析しないことによって，客観性を獲得した一方で，ブラック・ボックスとして残すというまさにその方法によって，消費者の心の中を捨象した非常に単純なモデルに陥ってしまうというデメリットも同時に持っていた．それを克服する形で登場したのが，次のS-O-Rモデル研究である．

② S-O-R モデル研究

ブラック・ボックスとして残されていた消費者の心の中を，O（Organism；生活体）としてモデル化していったのが，S-O-R モデル研究であり，その理論的基礎は，新行動主義心理学に求められる．この S-O-R モデル研究は1960年代に大いに研究が進められ，消費者行動研究がマーケティング分野における一大分野になる契機となった．代表的研究としては，ハワード=シェス（Howard=Sheth）・モデルなどがある（図4-5）．

図表にあるように，消費者は広告や口コミから得た刺激を，例えば，「注意」→「ブランド理解」→「態度」→「意図」などと心的変化を経つつ，最終的に，購買という反応につなげていくのである．このようにこのモデルは，消費者の心的状態の反応段階をモデル化したものであり，広告研究に応用することができる．すなわち，ある広告の効果を判断する際に，当該広告が「注意」を引けたのか，また「ブランド理解」までさせたのか，また購買の「意図」まで形成できたのか，などを消費者調査することによって，それら広告の効果を判断できるのである．例えば，広告しても売れないブランドAとブランドBがあった場合，S-Rモデルでは，どちらも売れないブランドという同じ評価になってしまう．その点，S-O-Rモデルで分析したなら，それらブランドが「ブランド理解」させることができなくて売れなかったのか，また理解はさせたが「意図」

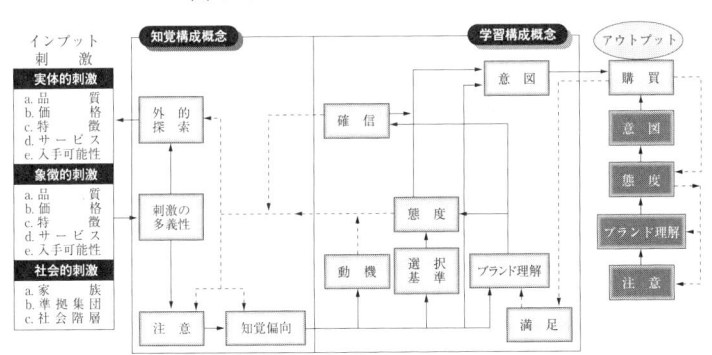

図4-5　ハワード=シェス・モデル

（出典）Howard & Sheth (1969), p. 30.

まで形成させるほどの魅力がなかったために売れなかったのか，などといった失敗の原因の違いの解明が可能になるのである．

以上のように，S-O-Rモデル研究は現実的な応用可能性の広い研究であるが，消費者が広告やその他マーケティング諸手段の情報をいかに情報処理しているかという詳細な分析まではできない．そのような問題点を克服する形で登場したのが，次にみる消費者情報処理研究である．

③ 消費者情報処理研究

1970年代後半以降活発な研究がなされ，現代の消費者行動研究の中心的パラダイムとなっているのが消費者情報処理（consumer information processing）研究であり，その理論的基礎は，認知心理学に求められる．その基本図式は，図4-6のように表せる．

図にあるように，消費者は，広告・口コミなどの外部情報を取得し，自らの記憶（長期記憶）内の内部情報をとりだし，これら2つの情報を短期記憶（作業記憶とも呼ばれ，消費者が情報処理する場所）内で統合し，購買行動などにつなげる．また一連の情報処理活動の結果は，長期記憶内に保持される．この

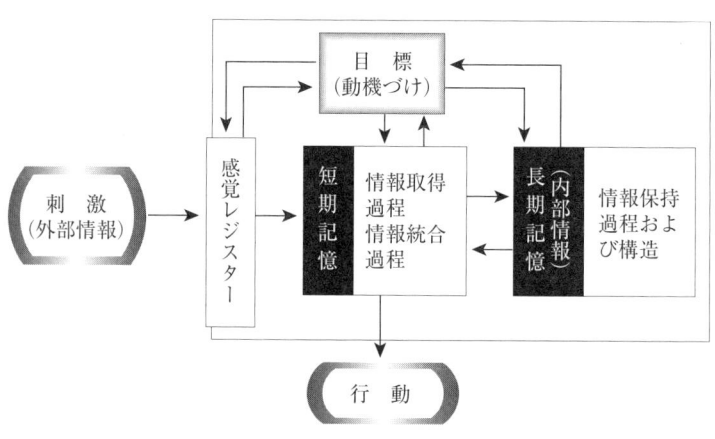

図4-6 消費者情報処理の基本図式

(出典) 阿部 (1984), p.122に若干加筆修正．

ように消費者情報処理は，大きくは，情報取得，情報統合，情報保持，という3局面から構成される．この消費者情報処理研究は，消費者がマーケティングの4Pに関わる多くの情報をいかに処理して，製品選択・購買決定につなげているかを詳細に分析することを可能にした点で大きな貢献を消費者行動研究にもたらしたが，それら情報処理活動に大きな影響を与える要因として関与（図表では「目標（動機づけ）」の部分）や知識などの重要性を示した点も多大なる貢献であった．

　消費者情報処理研究の第一人者のベットマン（Bettman, J. R.）らによると，消費者の情報処理活動の動機づけを規定するのが「関与（involvement）」であり，能力の側面を規定するのが「知識（knowledge）」であると言う（ここで「関与」とは製品に対する思い入れ・こだわりのこと）．例えば，情報取得過程においては，高関与の消費者の方がより多くの情報を収集する傾向が見られる（例えば，洋服好きの洋服に高関与の消費者は，ファッション雑誌を何冊も買い，友人の話に耳を傾け，実際の店舗も多く買い回りする，など）．また，情報統合過程においては，高関与や高知識の消費者の方がより複雑な選択ヒューリスティックス（選択方略）を用いることが知られている（例えば，パソコンに高知識の消費者は，パソコンの多くの属性を詳細に比較検討して購買決定をする一方で，知識の少ない初心者の消費者は，価格だけで購買機種を選定したりする，など）．さらに，情報保持構造についても，高関与の消費者の方が情報をより構造化していると考えられる（例えば，高関与の消費者は低関与の消費者より，ブランドを頭の中で分類するブランド・カテゴライゼーションの程度がより深く，より構造化した形でブランド情報を保持しているという研究結果がある）．これら「関与」と「知識」をかけあわせて消費者を4類型化し，それぞれの消費者行動の違いを示した研究に，表4-2に示した三浦（1990）がある（同種の研究では，他に池尾（1989）など）．

　このような「関与」研究の隆盛の中で，関与に加えて，もう1つの要因をかけあわせて，消費者行動を分析する枠組みを提示したものに，FCBグリッド（表4-3）とアサエル（Assael, H.）のモデル（表4-4）がある．

表4-2　関与と知識による消費者分類（女性の衣料品購買行動）

	高　関　与	低　関　与
高知識	1．高関与・高知識型＝成熟消費者 情報収集：多様なメディア，買回り 購買店舗：専門店，百貨店 重視属性：多様（実質的・象徴的） 他人影響：参考程度	2．低関与・高知識型＝合理的消費者 情報収集：あまりせず 購買店舗：百貨店，スーパー 重視属性：生地など実質的属性 他人影響：なし
低知識	3．高関与・低知識型＝流行志向消費者 情報収集：多様なメディア，買回り 購買店舗：ファッションビル 重視属性：デザインなど象徴的属性 他人影響：友人	4．低関与・低知識型＝価格志向消費者 情報収集：あまりせず 購買店舗：スーパー 重視属性：価格 他人影響：店員や家族

（出典）三浦（1990）より作成．

表4-3　FCBグリッド

	思　考　型	感　情　型
高関与	1．情報提供型 代表的製品：乗用車・家・家具 ①反応段階モデル：学習→感情→行動 ②媒体：長いコピーが使える媒体 　　　　考えさせる媒体 ③クリエイティブ：具体的情報提供， 　　　　デモ	2．情緒型 代表的製品：宝石・化粧品・ファッション ①反応段階モデル：感情→学習→行動 ②媒体：大スペースの広告，ドラマティックな印刷露出 ③クリエイティブ：効果的なインパクト
低関与	3．習慣形成型 代表的製品：家庭用品 ①反応段階モデル：行動→学習→感情 ②媒体：小スペースの広告，ラジオ，10秒のID，POP ③クリエイティブ：リマインダー	4．個人の満足提供型 代表的製品：食品・嗜好品 ①反応段階モデル：行動→感情→学習 ②媒体：屋外広告，新聞，POP ③クリエイティブ：注目

（出典）Vaughn (1980), p.31.を若干修正．

　FCBグリッドでは，関与の高低に加え，思考型／感情型という軸を重ねあわせ，2×2で4類型の分類図式を提示し，4製品類型ごとの消費者行動と，それに適合するコミュニケーション戦略を提示している．一方，アサエルは，関与の高低に加え，ブランド間の知覚差異のある／なしという軸によって，同

表 4-4　アサエルのモデル

	高　関　与	低　関　与
ブランド間の 知覚差異あり	複雑な意思決定 または ブランド・ロイヤルティ	バラエティ・シーキング ↓　　↘ ランダム選択　実験的購買 （歯磨，ポテトチップス，サラドレ等）
ブランド間の 知覚差異なし	不協和低減 または 帰属 （カーペット等）	慣性 ↓　　↘ ランダム選択　見せかけのロイヤルティ （食卓塩等）

（出典）Assael, H. (1987), p.87. カッコ内は Assael のあげている例.

じく 2×2 の分類図式を提示し，4 製品類型ごとの消費者行動を示している．ともに現在の消費者行動を分析していく上で重要な研究と考えられる．

第 4 節　集団としての消費者

集団としての消費者を分析する代表的研究としては，①イノベーションの普及過程研究，②準拠集団の研究，がある．

①　イノベーションの普及過程研究

集団としての消費者，すなわち，消費者間の影響関係を分析した研究の代表的なものとして，ロジャース（Rogers, E. M.）のイノベーションの普及過程（innovation adoption process）研究がある．ロジャースは，新製品などのイノベーションが消費者間でどのように普及していくかを研究し，図 4-7 のような 5 つの消費者類型を提示した．

図にあるように，新製品などのイノベーションはまずイノベーターと呼ばれる少数の消費者に採用された後，初期採用者がそれらに続き，最もボリュームの大きい前期大衆や後期大衆を経て，採用遅滞者という順番で普及していくのである．ラザースフェルト（Lazarsfeld, P. F.）らが主張したコミュニケーショ

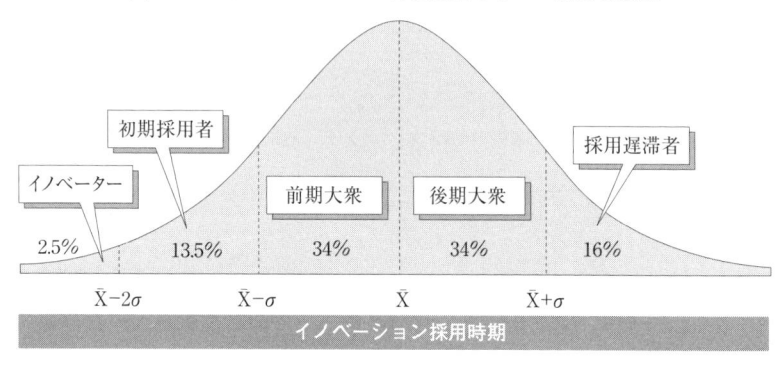

図4-7 イノベーションの普及過程と5つの消費者類型

```
          初期採用者                    採用遅滞者
  イノベーター        前期大衆  後期大衆
   2.5%    13.5%      34%     34%     16%
         X̄−2σ    X̄−σ      X̄     X̄+σ
              イノベーション採用時期
```

(出典) Rogers (1962), p. 162.

ンの2段階流れ仮説によると，企業からの広告などによる直接的なコミュニケーションよりも，他人への影響力のあるオピニオン・リーダーからの口コミの方が消費者の意思決定を左右する力が大きいと言われるが，この5類型の中では，第2番目の初期採用者がオピニオン・リーダーの役割を果たすと考えられている．その理由は，イノベーターがあまりにも先鋭的すぎて他の消費者が自らのモデルにしにくい反面，この初期採用者は大衆（前期および後期）から半歩先を行くほどほどの革新性のために，前期・後期大衆にとってモデルにしやすく，その結果，他人への影響力が大きくなると考えられるからである．先に見た関与概念との関連で言うなら，イノベーターや初期採用者が高関与・高知識である一方，前期大衆→後期大衆→採用遅滞者と進むにつれて，低関与・低知識になっていくと考えられる．

② 準拠集団の研究

集団としての消費者を研究するものとしては，1930年代に社会階層の研究が精力的に行われたが，それ以外では，ここで取り上げる準拠集団の研究が重要である．準拠集団（reference group）とは，個人の意識や行動に影響を与える集団のことであり，家族や，学校・職場・地域の友人グループなどが代表的である．また，個人が過去に所属していた集団や，これから所属したいと思っ

表4-5 製品・ブランド選択への準拠集団の影響

必需性＼使用場面	必需品（製品選択への準拠集団影響・弱）	贅沢品（製品選択への準拠集団影響・強）
パブリック（ブランド選択への準拠集団影響・強）	1．必需品・パブリック ①影響：製　品＝弱 　　　　ブランド＝強 ② 例 ：腕時計，車，紳士服	2．贅沢品・パブリック ①影響：製　品＝強 　　　　ブランド＝強 ② 例 ：ゴルフクラブ，スキー，帆船
プライベート（ブランド選択への準拠集団影響・弱）	3．必需品・プライベート ①影響：製　品＝弱 　　　　ブランド＝弱 ② 例 ：マットレス，冷蔵庫，フロアランプ	4．贅沢品・プライベート ①影響：製　品＝強 　　　　ブランド＝弱 ② 例 ：TVゲーム，ゴミ圧縮機，製氷機

(出典) Bearden & Etzel (1982), p. 185.

ている集団も準拠集団として，消費者の行動に影響を与えると考えられる．代表的研究としては，Bearden & Etzel（1982）がある（表4-5）．

表にあるように，必需性（必需品／贅沢品）と使用場面（パブリック／プライベート）という2軸で製品を4分類し，それら4製品類型ごとに，消費者の購買行動への準拠集団の影響が異なってくることを示している．例えば，パブリックで使用する製品（腕時計，スキーなど）の方が，プライベートで使用する製品（冷蔵庫，ゴミ圧縮機など）より，ブランド選択への準拠集団の影響が大きいことが示されている．実際，パブリックで使用する（人の目にふれる）製品の場合，他人の目が気になるわけであり，そのブランド選択に当っては，準拠集団や流行の影響を受けることになるのである．

この流行に関しては，日本だけでなく，アメリカにおいても，流行するもののほとんどが服装，服飾品，ヘアスタイル，音楽，言葉など，いわゆる感情型製品であるという研究結果がある（cf. 川本　1981）．思考型製品や思考型属性には優劣の客観的判断基準がある一方で（例えば，パソコンのCPUでPentiumの800 MHzは200 MHzより客観的に明らかに優れている），感情型製品や感情型属性（五感に関わる色・デザイン，味，香り，音，手触りなど）には

それがない（口紅の赤とピンクのどちらが優れているかは客観的に言えない）ことがその一因と考えられる．すなわち，800 MHz と200 MHz の間では，客観的に劣る200 MHz のパソコンは流行りようがない一方で，客観的には同価値の赤とピンクでは，その時の市場状況や企業戦略に応じて，赤が流行ったり，ピンクが流行ったりするのである．

第5節　ポストモダン消費者研究

社会思想におけるポスト構造主義などポストモダンの流行の影響も受けて，消費者行動研究においても，ポストモダン消費者研究とでも呼ぶべき一連の研究が近年少しずつ研究成果を出してきている．

彼らの基本的な立場は，従来の消費者行動研究が，消費者情報処理研究に代表されるように認知的・分析的であったという反省に立って，より感情的・経験的な消費者行動を分析しようとするものである．代表的なものとしては，1980年代に日本でも流行した記号論に基づく諸研究や，快楽的消費（hedonic consumption）という概念を提示したハーシュマンとホルブルック（Hirshman & Holbrook　1982）の研究などがある．

近年では，シュミット（Schmitt, B）の経験価値マーケティング（Experiential Marketing）がその代表例であろう．彼は，従来型の認知的・分析的なマーケティングをF&B（features and benefit）マーケティングと断じ，現在の高度消費社会においては，経験価値マーケティングを展開していくことが必要だと述べている．図4-8は，シュミットの経験価値マーケティングの体系である（シュミットの Experiential Marketing は，「体験マーケティング」と訳されることもある）．

図にあるように，Sense（感じさせる），Feel（感情を起こさせる），Think（考えさせる），Act（行動させる），Relate（他者と関係を持たせる），という5つの SEM（Strategic Experiential Module；消費者経験領域）に対し，7つの ExPro（Experience Provider；経験マーケティング手段）を用いることに

図4-8　シュミットの経験価値マーケティング

	コミュニケーション	アイデンティティー	製品	コブランディング	環境	ウェブサイト	人間
SENSE							
FEEL	経験価値マーケティングの						
THINK		戦略的プランニング					
ACT							
RELATE							

左側ラベル：S E M　　上部ラベル：ExPro

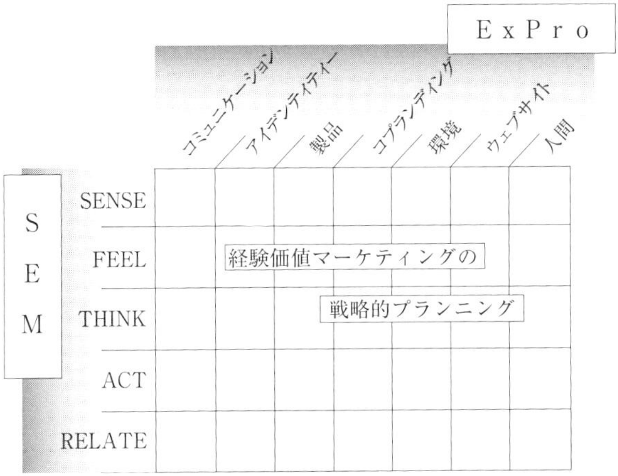

（出典）Schmitt（1999），訳書，p. 103.

よって，標的消費者にF&Bを超えるExperience（経験・体験）を与えるのが彼のいう経験価値マーケティングである．

シュミット自身も，従来型のF&Bの上に経験価値マーケティングを付加していくことが必要だと述べているように，今後は，従来型研究では分析の難しさなどから抜け落ちることの多かった消費者行動の感情的・経験的側面を考察していくことは必要であり，その意味で，ポストモダン消費者研究の重要性は今後ますます増大していくと考えられる．

参　考　文　献

阿部周造（1984），「消費者情報処理理論」中西正雄編著『消費者行動分析のニューフロンティア』誠文堂新光社．
池尾恭一（1989），「消費者の行動類型とマーケティング戦略」『オペレーションズ・リサーチ』Vol. 33, No. 2，pp. 84-89.
片平秀貴（1987），『マーケティング・サイエンス』東京大学出版会．
川本勝（1981），『流行の社会心理』勁草書房．
三浦俊彦（1990），「「関与」と「知識」で決まる女性の衣料品購買行動」『フォーラム』no. 64，日経産業消費研究所，pp. 19-23.

──── (1992),「消費者行動」及川良治編著『マーケティング通論』中央大学出版部.
──── (2000),「消費者行動分析」和田充夫・恩藏直人・三浦俊彦共著『マーケティング戦略 [新版]』有斐閣.
Assael, Henry (1987), *Consumer Behavior and Marketing Action (3 rd ed.)*, Kent Publishing Company.
Bearden, W. O. and M. J. Etzel (1982), "Reference Group Influence on Product and Brand Purchase Decision," *Journal of Consumer Research*, 9 (September), pp. 183-194.
Bettman, J. R. and M. Sujan (1987), "Research in Consumer Information Processing," *Working Paper*, no. 163, Pennsylvania State University. (青木幸弘訳 (1988)「消費者情報処理研究の新展開(1)」『流通情報』no. 234, 流通経済研究所.)
Hirschman, E. C. and M. B. Holbrook (1982), "Hedonic Consumption: Emerging Concepts, Methods and Propositions," *Journal of Marketing*, 46 (Summer), pp. 92-101.
Howard, J. A. and J. N. Sheth (1969), *The Theory of Buyer Behavior*, Wiley.
Maslow, Abraham H. (1970), *Motivation and Personality (2nd ed.)*, Harper & Row. (小口訳 (1987)『人間性の心理学』産業能率大学出版部.)
Michel, A (1983), *The Nine American Lifestyles*, Macmillan.
Rogers, E. M. (1962), *Diffusion of Innovation*, The Free Press.
Schmitt, B. H. (1999), *Experiential Marketing*, The Free Press. (嶋村和恵・広瀬盛一訳 (2000)『経験価値マーケティング』ダイヤモンド社.)
Vaughn, R. (1980), "How Advertising Works: A Planning Model," *Journal of Advertising Research*, 20 (October), pp. 27-33.

第 5 章

マーケティング情報システムと
マーケティング調査

第1節　マーケティング情報システムの位置づけ

　今日の経済社会においては，商品やサービスが街にあふれ，なかなか売れていかないという状況にある．それと同時に，情報が氾濫している．企業にとって実際に必要な情報を選別し，把握し，商品やサービスの生産や販売に活かしているかというと，必ずしもそうとはいえない面がある．むしろ消費者がどのような商品やサービスをいつ，どのような購買の仕方で，どれくらいの価格や数量を必要としているかなどを把握することは，今日の企業にとってはきわめて重要なものとなっている．

　さらに，マーケティング情報システムは，最近になってコンピュータの発展と共にその重要性が大きくクローズアップされてきた．つまり，コンピュータの発展によって，人間の頭脳では，とうてい記憶したり，分析したりすることができないほどの大量のデータや情報を蓄積したり，分析したりできるようになったからである．今日の企業においては，それを適切に分析し，迅速に判断しなくてはならないのである．

　要するに，マーケティング情報システムとは，データが蓄積され，操作さ

れ，必要なときに，アクセスできる手段であると考えることができる．つまり，これは，マーケティング意思決定を行うために用いられる情報を生成し，分析し，貯蔵し，検索するための継続的で組織立った方法であると定義することができる[1]．企業は，意思決定しようというときに，それから市場調査を実施したりして，情報を収集していたのでは，とうてい企業間競争に打ち勝つことはできないことがある．今日の企業においては，より迅速な意思決定が求められているのである．それを可能にしているのが，今日のコンピュータであり，それを一段と促進しているのが，コンピュータ・ソフトである．また，企業の必要に応じて適合されなくてはならない．

さらに，マーケティング情報システムは，4つの主要な構成要因から成り立っている．すなわち，(1)企業の内部データ，(2)企業の外部データ，(3)マーケティング調査データ，(4)コンピュータ・システムのハード・ウェアーとソフト・ウェアーである．これらは，図5-1のように表される．

また，マーケティング情報システムは，(1)消費者情報，(2)企業情報あるいは仕入先情報や販売先情報に大別されるが，本章は主として消費者情報について述べられる．

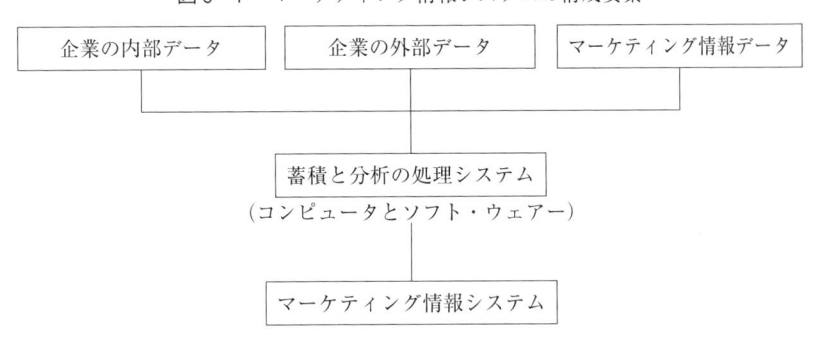

図5-1 マーケティング情報システムの構成要素

```
┌──────────────┐  ┌──────────────┐  ┌──────────────────┐
│ 企業の内部データ │  │ 企業の外部データ │  │ マーケティング情報データ │
└──────┬───────┘  └──────┬───────┘  └─────────┬────────┘
       └─────────────────┼────────────────────┘
                ┌────────┴─────────┐
                │ 蓄積と分析の処理システム │
                │(コンピュータとソフト・ウェアー)│
                └────────┬─────────┘
                ┌────────┴─────────┐
                │ マーケティング情報システム │
                └──────────────────┘
```

1 企業の内部データ

企業の内部データとは，売上高，販売予測，予算，財務情報，在庫記録，顧客記録をはじめとして，企業内から生み出されるさまざまな類似したものから

成り立っている．そして，これらは，企業や顧客のベースとして，価値ある情報源となる．また，大量のデータは，マーケティング活動や機能を助成するものとして，内部記録を利用することができる．

2　企業の外部データ

企業の外部データは，企業が活動している外部環境に関するすべての情報に関連している．これは，同業者組合，出版物，政府刊行物，競争他社の競争分析をはじめとするさまざまな側面の分析が含まれる．特に，この企業の外部データは，継続的に収集され，蓄積されることが重要である．

3　マーケティング調査

企業は，新製品を開発するときに，どのような製品を開発するべきか，また，既存製品の売上高が徐々に下落したときに，その原因はどこにあるのかなどを調査するときに行われるのが，マーケティング調査である．したがって，このマーケティング調査は，特定の目的を持っていることが一般的であり，そのために，特定のデータの収集が必要とされる．その際，ある種の調査方法（後述される）が用いられる．

4　蓄積と分析の情報システム（コンピュータ・システムのハード・ウェアーとソフト・ウェアー）

今日のコンピュータの発展には，目覚しいものが見られる．もちろん，コンピュータの発展には，ハード・ウェアーの発展を指摘しなければならないが，そればかりではなく，ソフト・ウェアーの発展にも目覚しいものが認められる．マーケティング分野においてデータを分析・処理するにあたって一般的に用いられているのは，SAS（Statistical Analysis System），SPSS（Statistical Package for the Social Sciences），エクセル（Microsoft Excel）などがあり，最近では，誰でも容易に使いこなせるように取り扱いが非常に簡単になった．もっとも後二者についても，以前のようにプログラムを組まなくても良くな

り，マウスで分析手法を選択するだけで可能となっている．

コンピュータが出現し始めた当初は，専門的な知識や技術を持った人でなければ操作できなかったが，また，操作ばかりではなく，インストールさえできなかったが，今日では，きわめて簡単に誰でもインストールでき，操作できるようになって，よりいっそう使いやすくなり，その重要性は増してきたように思われる．

その結果，簡単な計算機や手計算では，とても処理できないほど大量のデータを蓄積し，分析し，処理することが，コンピュータが導入されることによって可能となった．

第2節　マーケティング情報システムとマーケティング調査の関係

マーケティング情報システムとマーケティング調査との関係は，現在のところ明瞭にはされていないが，マーケティング調査は，調査目的が明確になっており，必要に応じてその目的の情報を得るために実施されるものである．企業が必要としている情報をタイムリーに収集できるという長所がある反面，それを実施するためには，多額の費用と人手がかかるという特徴がある．そのため企業が頻繁にマーケティング調査を実施することはなかなか困難なことといえよう．

このマーケティング調査は，消費者の欲求やニーズについて限定して述べると，長期にわたる時間の中で特定の時点の消費者像，すなわち，消費者の欲求やニーズを明らかにしようというものである．したがって，頻繁に調査を実施して，継続的に消費者の欲求やニーズの変化や趨勢を把握しておくことが肝要となる．

それに対して，マーケティング情報システムは，マーケティング調査のように時間軸の中で特定の時点の消費者の欲求やニーズばかりではなく，長期間にわたって継続的にデータを収集するものをいう．つまり，消費者の欲求やニー

ズを直接調査することも含まれるが，他の目的のために実施されたマーケティング調査の結果，自社の各商品の売上高や仕入高，政府や他の調査機関によって公表された二次データなども，コンピュータにインプットされ，必要に応じてデータが取り出されたり，再集計されて利用される．

第3節　マーケティング調査の定義とその範囲

マーケティング調査は，その起こりを1900年代の初頭にさかのぼることができる．Peter D. Bennett は[2]，マーケティング調査に関する書物が初めて出版されたのは，1920年代であるが，1950年代の初頭までマーケティング理念は，出現しなかったと述べている．今日の企業におけるマーケティングが，顧客志向，言い換えれば，顧客もしくは消費者に満足を与える商品やサービスを提供することが基本的な課題であることから，マーケティング調査は，顧客に関するさまざまな情報を収集し，分析することから始まる．

したがって，マーケティング調査の目的は，企業の具体的な問題や疑問に答えることにある．すでに述べたように，マーケティング調査は，マーケティング情報システムの1部を構成するものといえる．また，マーケティング情報システムは，継続的に情報を収集，蓄積，分類したりするものであるのに対して，マーケティング調査は，特定の目的のために行われるものである．

第4節　一次データと二次データ

1　一次データ

二次データが，既存の情報を活用するものであるのに対して，一次データは，特定の目的のために調査などによって収集されるものである．それは，フィールドに対する質問表による調査や人々の行動を観察することによって行われる．たとえば，消費者は，どのような嗜好を持っているかを質問表によって調査したり，特定の地点における通行者の数を数えたりするのがそれである．

2　二次データ

この二次データは，企業内や企業外ですでに存在している情報を利用することである．また，二次データは，企業内の記録や，企業の外部環境の1部として収集された企業の外部データからなっている．言い換えれば，ある目的のために収集された情報が，別のマーケティング問題や意思決定のために用いられることである．そのような情報を二次情報という．これには，次のようなものが見られる．

① 政府刊行物
② 県や市の行政機関によって調査され，発行された刊行物
③ 同業者組合や専門の調査機関による発行物
④ メディアによる公表物
⑤ 雑誌や定期刊行物
⑥ その他の企業や機関による発行物
⑦ マーケティング調査会社による発行物

第5節　定量的データと定性的データ

マーケティング調査の情報は，別の観点からすると，定量的データと定性的データの2つに分けられる．定量的データは，調査員によって収集された回答者の反応を数え上げたり，数で表したものである．それに対して，定性的データは，より判断的であり，被験者が自分の言葉で回答するものであり，それには，回答ごとに違った意味を付与されることがある．さまざまなヒントや洞察を与えることができるが，測定することは難しい．

したがって，十分な理解と誤解を避けるためには，定量的調査によって情報を得ることが重要となる．多くのマーケティング担当者や専門家は，定量的データと定性的データを比較したときに，前者が後者よりも，調査で得られた回答をかなり正確に，統計的に把握できると考えている．

また，定量的調査によって得られたデータは，(1)単純集計，(2)クロス集計，

(3)相関分析, (4)回帰分析, (5)多変量分析などによって分析される．調査結果をより客観的で，また複数の要因から成り立っている場合にも，その主要な要因を導き出すことができる．

定性的調査は，一般に，消費者の考え，意見，行動を理解するための調査として認識されている．しかし，その収集された情報は，統計的な正確性が保障されていない．したがって，定性的調査は，定量的調査ほど，信頼性が高くないと考えられる．

第6節　マーケティング調査の実施

マーケティング調査実施に当たっては，次に示されたようなステップによって進められる．

図5-2　マーケティング調査過程

```
ステップ1　調査目的の設定
   ↓
ステップ2　予備調査を実施するための概略の提示
   ↓                              調査費用の見積り
ステップ3　実施する調査の設計
   ↓
ステップ4　調査の費用
   ↓
ステップ5　収集されたデータの分析と解釈
   ↓
ステップ6　ファインディングの報告
```

次にこれらのステップの各々について述べる．

ステップ1　調査目的の設定

このステップでは，はじめに調査の目的が設定されなくてはならない．そして，質問される問題や何を質問するべきかを明確にしなければならない．たと

えば，企業は，最近その売上高が下落してきたことに，何故下落したかという理由を見出そうとする．また，企業は，潜在的消費者がいったいどのような欲求を持ち，どのような製品を欲求しているかを調査したいと考えている．このようなことから，企業は，消費者が抱いている欲求に適合する製品を開発する努力を進め，あるいは，どのようにデザインし，市場に導入するべきかを決定する．

ステップ2　予備調査を実施するための概略の提示

　主調査が実施される前に，予備調査が行われる．それは，問題を明確にするためのものである．

　この調査には，次の3つがある．

(1) 二次的データの分析

　　この二次的データの分析は，すでに述べられたように，二次的利用に適合している既存データの分析である．

(2) 説明的調査

　　この調査は，人々の期待に依存している．関連した期待や知識をもっている人々は，それらの人々の意見が調査される．期待調査の一部としては，営業や市場についての情報を得るために，管理者，販売担当者，仕入先，従業員と話をすることである．そのことから，良い情報が得られる．

(3) 定性的調査

　　定性的調査の良く知られている方法は，フォーカス・グループのインタビューである．フォーカス・グループのインタビューは，マーケターにとって関心のある特定の特徴を処理する人々から構成されている．フォーカス・グループのメンバーは，4人から10人位が1つの部屋に集められ，製品，アイディア，コンセプトなどに関する彼らの意見が求められる．

　　このグループに参加する人は，積極的に話すように促され，誰でも，話を一人占めすることは許されない．このグループ・インタビューで，製品に関する人々あるいは消費者の知覚や使用状態についての貴重な情報が得

られる．新しいアイディアやコンセプトが企業の標的市場によって受け入れられるか否かは，このフォーカス・グループのインタビューによってまずテストされる．

ステップ3　実施する調査の設計

　調査を設計する第1段階は，問題あるいは質問点をまとめることである．問題あるいは質問の仕方は，収集される情報のタイプに影響を与え，そればかりではなく，それに続く問題や質問あるいは情報のタイプにも影響を与えかねない．また，調査にかけられる時間は，利用しようとする調査方法に影響を与える．

一次データの収集方法

　一次データの収集方法としては，代表的なものとして3つの方法がある．すなわち，(1)観察法，(2)実験法，(3)質問法である．これらについて簡単に述べる．

　(1)　観察法

　この方法は，調査者の観察によって情報を収集しようという方法である．たとえば，決定された価格，新製品，新ブランド，製品やブランドの棚の配置が適切であるかなどをはじめとして多くのことに関して行われる．

　この観察法は，スーパーマーケットの店内における消費者の動きを観察することによって買い物客の動線を調べたり，あるいは，繁華街や交差点に立って，自動車や通行人の交通量を調査するようなものである．たとえば，スーパーマーケットでは，ある買い物客は，価格に対する感受性が高く，ブランド間の価格の違いをチェックする．また，ある買い物客は，パッケージに書かれた成分や製造業者をはじめとした詳細について注意を払うであろう．

　さらに，ある買い物客は，買い物に時間をかけずに，できるだけ早く棚の前で必要なものだけを買い物しようとする．またある買い物客は，他のブランドには目もくれず，お好みのブランドに直行するようなブランド・ロイヤルティが高い消費者もいる．

このように消費者にもさまざまなタイプが見られるけれども，一般にスーパーマーケットでは，どのような買い物客あるいは消費者を対象とするかを決定するための調査の1つと考えられる．

また，自動車や通行人の交通量を調査するのは，特定の店舗に対して見込み顧客がどの程度見込めるかを調査しようというものである．これは，さまざまな小売店の開業に先立って行われることが多い．たとえば，ブティック，レストラン，コーヒー・ショップをはじめとして開店時や多くの状況で利用されている．

(2) 実験法

実験法では，さまざまなマーケティング・ミックスがテストされる．その結果，企業が対象標的としている市場にもっとも適切なマーケティング戦略の組み合わせはどのようなものかが消費者の反応によって決定される．たとえば，ある特定の地域に対しては，新製品のあるパッケージのサンプルを送付して，また，別の地域に対しては，新製品の別のパッケージのサンプルを送付して，しばらくした後に，それぞれの売上高が比較検討される．その結果，いずれのパッケージをその製品のパッケージとするかが最終的に決定される．

このような比較は，アメリカでは，多く用いられているが，わが国では，テスト・マーケティングとして特定の地域で実際に新製品を販売した後にマーケティング調査を行い，改善するべき点を見出すために行われている．

(3) 質問法

この質問法は，データを収集するために通常もっとも多く用いられている方法でもある．多くの情報を収集しているものには，行政機関をあげることができる．その統計データの大多数は，一般にセンサスの結果から導き出されている．

それと同時に，わが国には多くの市場調査会社があり，それらが，個々の企業のためにマーケティング調査を実施している．つまり，個々の企業は，特定の標的市場をよりよく理解するためにマーケティングを実施しなければならないが，それを自社の調査部門が実施したり，あるいは，市場調査会社に委託し

たりしている．

また，この質問法は，主要なものとして〔1〕郵送法，〔2〕面接法，〔3〕電話法などをあげることができる．これらについて簡単に以下に述べられる．

〔1〕郵送法

この郵送法は，質問表が調査者から回答者に対して郵送によって送られる．回答者が質問表に答え終われば，郵送によって返送され，調査者によって回収される．そのため調査票を送付してそれを回収するまでには，かなりの時間がかかってしまう．

また，郵送であるために回収率は高くないのが通常である．そのため，回答者に切手や受取人払いの封筒を同封することによって，回収率を増大させたりしている．しかし，製品の無料サンプルを提供することは適切ではないといえよう．この郵送法の長所と短所は，次のとおりである．

長所
(1) 質問事項が多くあって，面接法や電話法では実施することが難しくても郵送法では可能である．
(2) かなり多くの被験者を経済的に調査することが可能である．
(3) 調査員を採用する必要がないので，もっとも費用のかからない調査法である．
(4) 地理的にもかなり広い地域をカバーできる．
(5) 調査員がかかわることがないので，被験者の回答にバイアスを与えることを避けることができる．
(6) 質問表の記入は，被験者の都合の良い時間に行うことができる．

短所
(1) 被験者自ら回答したという保証はない．
(2) 回収率は，かなり低くなってしまう．というのは，返送を忘れたり，関心がなかったりするからである．
(3) 返送しない率が高いことは，費用がそれだけかかってしまうことを意味している．

(4) 質問表を簡単，明瞭にすることが必要であり，追加の説明をすることができない．
(5) 面接法とは違い，回答からより多くの情報を得られるようなことが仮にあっても，それをより深く聞き返すことはできない．
(6) 回答者が真実を答えたという保証はない．面接法のように，回答者の表情や声の調子の変化を読みとることはできない．
(7) 質問表を郵送したり，回収したりするのに郵便は，すばやい手段ではなく，被験者は，回答するのにかなり時間がかかってしまう．

〔2〕面接法

面接法では，調査者と被験者が対面して質問し，回答される．その際，事前に電話によってアポイントメントをとってから行われたり，はがきによって調査のために訪問することを事前に連絡してから，訪問することが多い．この面接法がもっとも費用のかかる方法であるが，質問の内容に対しては，非常に柔軟である．また，この方法は，製品や図や写真を示しながら，質問することもできる．この面接法の長所と短所は，次のとおりである．

長所
(1) 質問に対してボディ・ランゲージによって，回答してくれることがまま見られる．
(2) 被験者は，調査員と対面で調査が進められることから，回答を引き出すことが容易である．
(3) 回答の妥当性は，被験者の顔の表情などのボディ・ランゲージで確かめられる．
(4) データ収集の方法としてもっとも柔軟である．
(5) 回答が得られないということはかなり低い．
(6) 製品，図，あるいはその他のものを用いて調査することができる．
(7) データは，かなりすばやく回収される．
(8) 質問の内容が被験者によって理解されないときには，さらに説明するこ

とができるので，あいまいさあるいは誤解が発生する可能性は少ない．
短所
 (1) データを収集するには，時間と費用がかかる方法である．
 (2) 調査員のバイアスが生じやすい．たとえば，もし回答者が調査員の是認を受けたり，受けないように回答することもある．
 (3) 被験者の回答を他の人が記入してしまうことがあるので，不正確性が生じる可能性もある．
 (4) 調査員によっては，うそやでたらめを記入することがある．そのために，このようなことを避けるために，調査員を監督し，内容をチェックすることが必要である．
 (5) この面接法は，費用と時間がかかることから，郵送法よりも，標本の数が小さくなりがちである．
 (6) アポイントメントを取ったり，その質問に直接関連のない回答まで答えさせてしまう．

〔3〕電話法
　電話によって質問を実施する調査員は，被験者あるいは被調査者に電話によって接触して，調査する．この電話による質問表は，すばやく情報を収集することができる．しかし，調査そのものの長さは，被調査者の注意を持ち続けることが難しいので，できるだけ短時間のうちに調査を終了させなければならない．インタビューでは，5分から10分程度のインタビュー時間で十分であるといえよう．
　また，調査は，被験者との初めての接触に当たっては，まずアポイントメントを取らなければならない．被験者の都合の良い時間に設定される．調査員は，アポイントメントが変更されないことを確認しなければならない．この電話法の長所と短所は，次のとおりである．
長所
 (1) 質問表を回収する時間がまったくかからず，たちどころに回収される．

(2) 回答率はきわめて高い．
(3) 資金を有効に利用でき，調査員が移動したり，出かけていく時間や費用を節約できる．
(4) 調査員を監督することが容易である．
(5) ダイレクトにコンピュータにデータをインプットすることもできるので，スピィーディな分析が可能である．
(6) 被験者とのアポイントメントは，容易に都合の良いときに決められる．
(7) 追加や補足のインタビューは容易に行われる．
(8) 電話を持っていない人や家庭は，ほとんどないので，日本国中どこに居住していても実施できる．

短所
(1) 質問表を短くする必要がある．さもなければ，被験者の興味が失われてしまうからである．
(2) 短い質問表は，収集する情報の内容の深さや幅を限定してしまう．
(3) 質問表の長さは，10分を超えないのが良いとされている．つまり，それを超えた場合には，被験者は苦痛に思い，よく考えた回答が得られるとは限らなくなってしまうからである．
(4) この方法は，電話に出た人しか調査の対象にできない．
(5) もし電話帳が調査リストとして用いられるならば，電話帳に掲載されていない人々は，当初から調査の対象から除外されてしまう．
(6) 電話で話すことが嫌いな人は，インタビューを拒否することもありうる．
(7) 質問表は，かなり限定されてしまう．つまり，図，絵，写真などの類は用いることができない．また，被験者の表情などを読み取ることもできない．

質問表の設計
質問表を設計するためには，細心の注意を払わなくてはならない．たとえ

ば，いくつかの異なった意味で解釈されるようなあいまいな表現やあいまいな回答が得られるような質問は避けなくてはならない．さらに，明確で追跡が容易なフォーマットが必要である．

　質問表が作成されたら，予備テストを実施し，修正を加える．時間や費用の点から可能であるならば，何度も実施し，修正を加え，遂行をはかることが重要である．しかし，その際，予備調査は，かなり多くの標本に対して行う必要はなく，小標本でよいとされている．

　また，質問の意味やつながりが不適切である場合は，質問表を調整することが必要である．この段階で十分注意を払い，調査者が求めている回答が得られているかを検討し，修正しておかなければ，後々問題を生ずることになってしまうであろう．

　さらに，最近では，統計的手法と同時に，コンピュータが発展し，かなり膨大なデータであっても，容易に，短時間のうちに統計的分析が可能となった．そのためには，統計的分析ができるような質問表を作成しなくてはならない．たとえば，3点法や5点法で質問表を作成することなどは，その一例である．

　また，今日のようにインターネットが普及すれば，インターネットを利用した調査が増大することが予想される．

ステップ4　調査の実施

　調査を実施するにあたっては，事前に調査の対象となる被験者とアポイントメントを取り，調査の拒否や不在を避けるべきである．それによって，有効回答率をあげることができる．また，データ収集の正確性は，利用される方法に依存している．

ステップ5　収集されたデータの分析と解釈

　コンピュータ，コンピュータ・ソフトウェアーなどの発展によって，廉価に入手できるようになったこと，統計パッケージ・ソフトが開発され，利用が容易となったことで，データの分析が迅速に，かつ高度なものになってきてい

る．それと同時に，以前に比べ，結果に対する信頼性がかなり高くなったといえよう．

　また，そのような分析にとどまらず，高度な解釈や判断が必要とされる．その際，企業内にそのような業務ができる専門家がいなければ，外部の調査機関に委託したり，外部の専門家を雇うことも必要になろう．むしろ，収集されたデータが，十分に解釈されなくては，調査にかけられた資金と時間は無駄に終わってしまうであろう．

　収集されたデータの分析法としては，〔1〕単純集計，〔2〕クロス集計，〔3〕相関分析，〔4〕多変量分析などである．これらについては簡単に述べられる．

〔1〕単純集計

　単純集計は，調査の結果に対して，たとえば，消費者の好みが単純に商品Aが何パーセントで，商品Bが何パーセントであり，……，商品Eが何パーセントであるという集計方法である．

〔2〕クロス集計

　調査対象者の特徴によって集計するものをいう．たとえば，調査票に記された性別，年齢別，回答別，居住地域別などさまざまな特徴を利用して，それらの特徴をクロスすることによって，調査対象者の特徴や性質を明らかにしようというものである．

〔3〕相関分析

　相関分析は，調査対象の変数間の関係について関係の強さを表そうとしたものである．相関係数は，$-1 < r < 1$のなかで求められる．$r < 1$であるとき，正の相関があるといい，$-1 < r$のとき，負の相関があるという．

〔4〕多変量分析

多変量分析は，変数が多数ある場合の分析法であり，類似したものを集めたり，多数の変数間の関係を調べたりするものである．具体的には，主成分分析，因子分析，正準相関分析，判別分析，クラスター分析などがある．これらは，今日では，SASやSPSSというようなソフトを利用することによって，簡単に分析することができるようになっている．

ステップ6　ファインディングの報告

　調査結果から得られたファインディングは，要領よくまとめられ，簡単に，簡潔に，専門知識がなくても誰にでも理解されるようにまとめられ，結果は書面で報告される．その際，図や表は，ファインディングの理解を助けるために大いに役立つであろう．

　データ分析の深さや報告書のレイアウトは，その必要としている部署や企業の必要度に応じて作成される．ある企業では，マーケティング担当者が簡単な報告書で満足するが，別の企業では，かなり詳しい報告書を必要とする場合もある．

　また，調査を企業内で実施するか，あるいは，調査会社に委託するかは，企業が持っている資金や調査にかけられる人員と時間，あるいは，専門家の有無によって決定される．

1）　Churchill, Jr., Gilbert A. (1987), "Marketing Research : Methodological Foundations", Dryden.
2）　Bennett, Peter D. (1988), "Marketing", McGraw-Hill.

参 考 文 献

〔1〕　Boyd, Jr., Harper W., Ralph Westfall, and Stanley F. Stasch (1991), "Marketing Research : Text and Cases", Richard D. Irwin, Inc.
〔2〕　フィリップ・コトラー著，小坂恕，疋田聡，三村優美子訳 (1996)『マーケティング・マネジメント』，プレジデント社．
〔3〕　Stanton, Wolliam J. Michael J. Etzel and Bruce J. Walker (1991), "Fundamentals of Marketing", McGraw-Hill, Inc. p.56.

第 6 章

製 品 計 画

第1節　製品計画の重要性

　製品計画（product planning）とは，絶えず変化している市場に対して，企業はどのような製品（サービス）を標的市場に投入するか，その手段・手順を決定することである．

　企業の戦略的な製品計画の立案プロセスは，経営者や管理者の信念や物の考え方，態度が反映される．そのため戦略に対するスタンスは企業により異なる．「多くの業界には，マーケット・リーダーと認められた企業が1社ある．この企業は，関連製品の市場で最大の市場シェアを誇っている．そして通常，価格変更，新製品導入，流通範囲，プロモーションの面で他社をリードしている」[1]ことが多いが，マーケット・リーダーだからといって，どの企業も似た戦略行動をとるわけではない．またマーケット・リーダーに次ぐチャレンジャー企業が二番手のポジションから，特定の市場でリーダーシップを取ろうとする場合もある．通常では，マーケット・シェアの維持を望み，波風を立てるつもりのないフォロワー企業が，革新的な製品戦略行動を採用する場合もある[2]．企業がどのような製品戦略を取るかは，企業理念（企業哲学）に基づく．

表6-1 代替的製品戦略

リアクティブ（対抗）戦略	プロアクティブ（先行）戦略
防　　　　御	研　究　開　発
模　　　　倣	マーケティング
二 番 手 改 良	起　業　家
ニ ー ズ 対 処	買　　　収

（出所）Urban, Glen L., Hauser, John R., and Dholakia, Nikhilesh (1987) *Essentials of New Product Management*, Prentice-Hall, Inc., 林廣茂・中島望・小川孔輔・山中正彦訳（1989）『プロダクト・マネジメント』プレジデント社，42ページ．

　G. L. アーバン（Glen L. Urban）と J. R. ハウザー（John R. Hauser）は対抗（reactive）戦略と先行（proactive）戦略という2つの戦略行動様式で製品戦略を捉え，表6-1で説明する[3]．

　対抗型の製品戦略をとる企業は，競合企業の行動を見てそれに対抗して行動を決める．

　対抗戦略の形態は，防御戦略（defensive），模倣戦略（imitative），二番手改良戦略（second but better strategy），ニーズ対処戦略（responsive）である．

　防御戦略は，競合他社の新製品から自社の製品を守ろうとする．その方法としては，自社既存製品の強力なプロモーション攻勢や値引き，さらに，自社既存製品を手直し，自社新製品で自社既存製品を乗り越えようとする．模倣戦略[4]は，競合企業の新製品が市場に定着する前に，素早くコピー製品[5]を作って市場に投入する．創造的模倣戦略によって，先発ブランドを越えた後発ブランドは数多くある．二番手改良戦略は競争相手の新製品を単にコピーするだけでなく，それに改良を加えて市場に送り出す．ここでの目的は，競争相手の新製品に効率良く柔軟に対応し，多額の開発費用を投ずることなく競争相手よりも優れた製品を作る．ニーズ対処戦略は競合他社の動向に影響を受けるだけではなく，積極的に消費者の要求に応えて行動を決定する戦略である．

　これに対して先行型の製品戦略は，自社の側から変化を起こし，競争企業が対抗しにくい製品を開発し，市場へ最初に進出することで競争相手を出し抜こ

うとする戦略である．

　先行戦略の形態は，研究開発戦略（research & development），マーケティング戦略（marketing strategy），起業家戦略（entrepreneurship）による社内ベンチャー，買収・合併戦略（M&A）である．

　研究開発戦略は未来志向の研究開発努力にその基礎を置き，それによって技術的に優れた製品を開発していこうとするものである．マーケティング戦略は，成功へのカギとして消費者のことを第一に考えることが基本となっている．それは消費者のニーズを発見し，ニーズを満たすような製品を作ることである．起業家戦略は先行戦略の中での最も進んだ製品開発形態の1つである．この場合，革新的なアイデアを持った起業家という特別の人間が，ベンチャー気分を盛り上げ，資源を集めてきて創造力・開発力をもとにアイデアを製品化するものである．買収・合併戦略は買収する側の企業にはない製品を持つ企業が買収の対象となり，その市場まで一緒に買収してしまうことが多い．

　対抗戦略と先行戦略のうち，どちらか一方が優れた戦略というものではない．また二者択一的に採用を決定するというものでもない．企業はその時々の状況に応じて最適な戦略策定を行うことがポイントであり，巧みに使い分けしているのである．最終的には消費者が製品（サービス）を価値のあるものと知覚し，競合他社の製品ではなく，自社の製品を購入するよう消費者に選択してもらうことが重要なのである．

第2節　製品概念

　製品の基本的な分類は，有形財（goods, tangible goods）と無形財（service, intangible goods）に区別できる．また誰が購入するかによって，消費財（consumer goods）と生産財（industrial goods, business goods）に分類できる．同じりんごであっても，消費者が家庭用に購入する場合には消費財であり，飲料メーカーがりんごジュース用として購入する場合には，生産財である．本節では製品を消費財として説明する．

消費者は製品を価値のあるものと知覚すると，競合製品間の製品選択，店舗選択，銘柄選択，数量・頻度を決定して，製品を購入する．当初，製品に対して感じた知覚価値と実際に購入した後の認識（実体価値）が同じであれば，当然と感じ，実体価値の方が高ければ割安感や満足を感じる．反対に実体価値のほうが低ければ割高感や不満足を感じる．

T. レビット（Theodore Levitt）は「人は製品を買うのではない．製品のもたらす恩恵の期待を買うのである」といい，「人がカネをつかうのは，製品やサービスを手に入れるためではなくて，買おうとする製品やサービスが自分にもたらしてくれると信じる期待価値を手に入れるためである」という．また「人々が買うのは，物質としての製品ではなく，それが与えてくれる効用なのだから，今まで以上に広い概念で『製品』を考えることが，単に競争のうえで賢明だというだけではなくて，実体を正しく捉えることなのである．製品は効用なのである」と述べる[6]．

また P. コトラー（Philip Kotler）は製品を製品の核（Core product），製品の形態（Actual product），製品の付随機能（Augmented product）の3つの

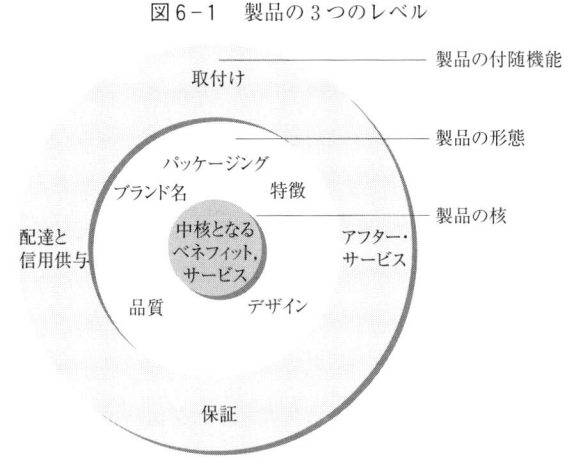

図6-1 製品の3つのレベル

(出所) Kotler, Philip, and Armstrong, Gary (1999) *Principles of Marketing*, 8th ed., Prentice-Hall, Inc., p. 239.

レベルから考察することを提唱し，図6-1で説明する[7]．

　製品の核は，消費者が本当に購入するのは何かという問いに答えるものであり，製品全体の中心核に位置づけられる．企業は製品設計をする際，まず中心となるベネフィット，サービスを定義する．次に製品の核のまわりに製品の形態が構築される．製品の形態は品質，特徴，デザイン，ブランド名，パッケージングの5つの要素から構成される．最後に製品の付随機能には取付け，配達と信用供与，保証，アフター・サービスが含まれる．

　このように，製品は単に有形の特徴によってのみ構成されているのではない．消費者にとって製品とは，自らのニーズを満足させるようなベネフィットの束（bundles of benefits）である．製品開発に際してマーケターは，その製品の中核となる消費者ニーズを明らかにしなければならない．そして製品の形態を決定し，消費者を最大限に満足させるようなベネフィットの束を作り出すため，いかに製品を価値のあるものにするか検討するのである．

第3節　製品ミックス

　多くの企業は，いくつかの産業分野にまたがって事業活動を行っている．そのため企業は単一の製品計画ではなく，企業全体の製品リストである製品ミックス（product mix；製品の組み合わせ）から製品計画を考察する必要がある．

　製品ミックスの構造は図6-2のように，幅（width），奥行き（depth）の2つの側面があり，製品ミックスの意思決定はこの2つの側面に整合性（consistency）を加えた3つの側面で行われる．

　製品ミックスの幅は，企業が取り扱う製品ライン（product line）の数であり，製品ミックスの奥行きは，各製品ライン内で提供されているサイズ，色彩，型，価格などによる品揃え数（assortment within a line），すなわち製品アイテム（product item）の数であり，製品ミックスの整合性は，取り扱い製品間における関連性の程度である．

　どのような企業も，取り扱っている全製品について吟味し，消費者ニーズを

図6-2　製品ミックス

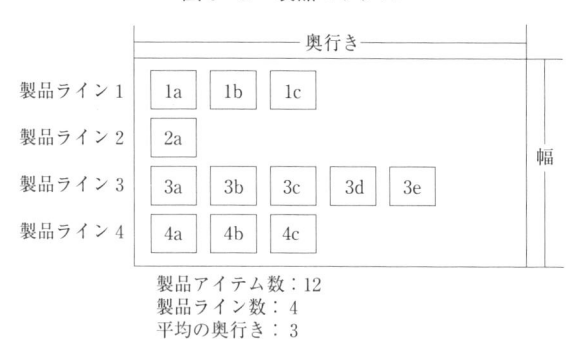

```
                   ┌─────── 奥行き ───────┐
製品ライン1    │ 1a │ 1b │ 1c │
製品ライン2    │ 2a │                              │ 幅
製品ライン3    │ 3a │ 3b │ 3c │ 3d │ 3e │
製品ライン4    │ 4a │ 4b │ 4c │
```

製品アイテム数：12
製品ライン数：4
平均の奥行き：3

(出所) Kotler, Philip (1976) *Marketing Management : Analysis, Planning, and Control*, 3rd ed., Prentice-Hall, Inc., p. 186.

満足させる製品を提供しなければ，標的市場において競争優位を獲得することはできない．したがって現在ならびに将来の製品ミックスは動態的に考察されなければならない．

　企業は製品ミックスを検討した結果，製品ミックスの拡張（expansion of product mix）や製品ミックスの縮小（contraction of product mix）を必要とするかもしれない．製品ミックスの拡張・縮小の意思決定は企業の成長に重大な影響を及ぼすので，慎重に行われなければならない．これに関連して，第3章表3－3のアンゾフの成長マトリックスに当てはめて考えると，既存製品の改良（improvement for existing products）による市場浸透戦略や既存製品の新用途開発（development of new uses for existing products）による市場開拓戦略に差し迫られているかもしれない．製品ポジショニング（positioning the product）を再検討し，製品に対する消費者の評価や競争相手と比べてその強みと弱みの分析をしなおさなければならない場合もある．また高価格製品を加えるトレーディング・アップ（trading up）や逆に低価格製品を加えるトレーディング・ダウン（trading down）による製品ラインの追加も考えられる．

　さらには製品差別化（product differentiation）や市場細分化（market segmentation）の必要性も考えられる．製品差別化は，自社製品を競合製品から区別して消費者需要を製品に適合させる戦略である．製品の核レベル，製品の形態レベル，製品の付随機能レベルといった全段階の中から，当該企業が独自の強みと考える特徴を製品に付加することによって競争優位性を獲得しようとするものである．消費者が自社製品を指名して購買するように，企業や製品のブランド力を強める方法も考えられる．

　市場細分化は，消費者集団の属性などを考慮してそれらをいくつかの同質的な市場区分に分割し，その細分化された市場の中で各消費者需要に適合した製品を開発する戦略である．

　製品ミックスの意思決定において，特に難しいのは製品ラインの廃棄である．なぜなら，廃棄はタイミングを逃すと，製品ミックスの中に多くの売れ行き不振製品や不採算製品を抱え込む事態を招くからである．また製品コンセプトが明確でなく，消費者に新製品と既存製品との違いが認識されない場合は，両者の間で共食現象を起こしかねない．製品ミックスの意思決定は，事前に策定された戦略計画との整合性に最大限の配慮を払いながら，確定されなければならない．

第4節　製品ライフサイクル

　製品ライフサイクル（product life cycle：PLC）は，人間と同様に製品にも寿命があると考え，その製品が生まれてから（市場に導入されてから），死ぬまで（市場から姿を消すまで）の運命をあらわす．

　ここでは製品ライフサイクルを導入期（introduction stage），成長期（growth stage），成熟期（maturity stage），衰退期（decline stage）の4段階に分けて考察する．

　通常，製品ライフサイクルは製品の売上高と利益の時系列的推移で示される．売上高曲線および利益曲線の形状は製品によっても異なっているが，典型的なパターンを図示すれば図6-3のようにS字型曲線が一般的であり，各期

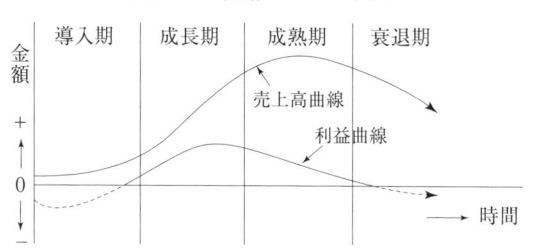

図6-3 製品ライフサイクル

には表6-2のような特徴がある[8]．

　製品ライフサイクルは製品の収益性の観点から見た新製品開発および製品廃棄のタイミングを示唆している．一般に製品ライフサイクルは単一の製品ラインを想定して説明されるが，図6-4のように複数の製品ミックスを同一の図の中で表現することもできる．製品Aはある時点になると売上高が減少しはじめる．企業は廃棄，製品改良，製品の新用途開発，新市場の探索，どこまでも同じ製品を継続，といった意思決定を行わなければならない．

　また企業の持続的成長のため，製品Aに変わる製品Bをいつの時点で開発し，市場に導入するか，競争相手との関係で差別的優位性をどのように強化するか，といった意思決定も必要である．

　成熟期における包装の変更，価格の改定，製品改良，市場開拓，新用途開発などは，製品ライフサイクルの延命化策といい，レビットは図6-5で説明する．

　製品ライフサイクル概念の有用性は，経営者のマーケティング計画に長期的な視点を加味させることにある．それにより，ライフサイクルの各期の転換点を見極めることが可能となる．したがって，賢明なマーケティング管理者は市場状況，競争および需要の変化にあわせて，製品（product），価格（price），流通経路（place），プロモーション（promotion）といったマーケティング・ミックスを変更する必要にせまられるであろう．このように健全な判断がなされると，ライフサイクル概念は需要予測，価格設定，広告，製品計画その他のマーケティング管理状況において役に立つ[9]．

表6-2 製品ライフサイクルの特徴，目標，戦略

	導入期	成長期	成熟期	衰退期
特　徴				
売上高	低水準	急激な上昇	絶頂	減少
価　格	顧客当たり高コスト	顧客当たり平均コスト	顧客当たり低コスト	顧客当たり低コスト
利　益	マイナス	増加	高利益	減少
顧　客	イノベーター	初期採用者	大衆	採用遅滞者
競争者	ほとんどなし	増加	競争相手減少 勢力安定	減少
マーケティング目標				
	製品認知とトライアルの促進	マーケットシェアの最大化	マーケットシェア防衛と利益最大化	経費削減とブランド利用
戦　略				
製　品	基本製品	製品ライン拡張，サービス，保証	ブランドとモデルの多様化	弱小製品削減
価　格	コスト・プラス	市場浸透価格	競争対抗価格	価格引き下げ
流　通	選択的	集中的	一層の集中	選択的状況 低採算販路からの撤退
広　告	初期採用者と小売業者間での製品認知の構築	マス市場での認知と興味の構築	ブランド差別化と利益の強調	費用削減と中核顧客維持
セールス・プロモーション	トライアル促進のための集中投入	重要な消費者需要の利用に限定	ブランドスイッチ促進のため増加	最低水準へ縮小

（出所）Kotler, Philip (1997) *Marketing Management : Analysis, Planning, Implementation, and Control*, 9th ed., Prentice-Hall, Inc., p. 363.

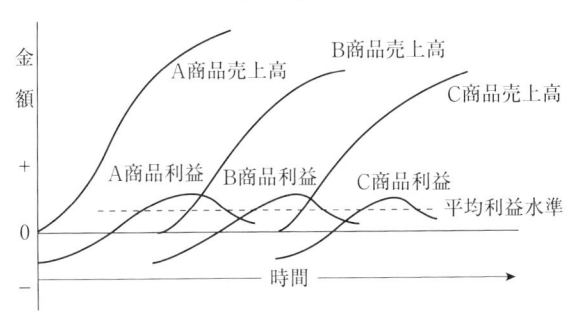

図6-4 複数の製品ライフサイクル

（出所）Kerr, John R. & Littlefield, James E. (1974) *Marketing : An Environmental Approach*, Prentice-Hall, Inc., p. 292.

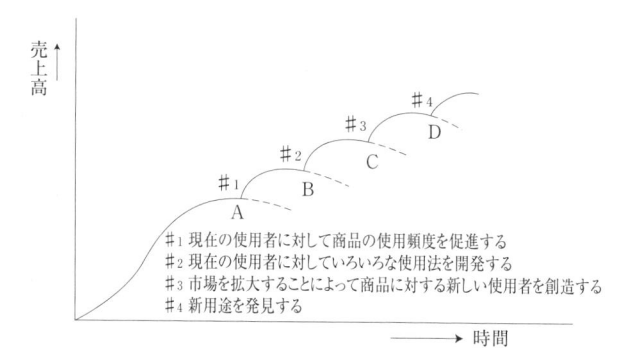

図6-5 製品ライフサイクルの延命化策

#1 現在の使用者に対して商品の使用頻度を促進する
#2 現在の使用者に対していろいろな使用法を開発する
#3 市場を拡大することによって商品に対する新しい使用者を創造する
#4 新用途を発見する

(出所) Levitt, Theodore (1965) "Exploit the Product Life Cycle." *Harvard Business Review*, (November/December), pp. 88.

しかし，製品ライフサイクルの長さや傾斜を正確に予測することは難しく，現在自社製品はライフサイクルのどの段階に位置するのか判断できかねるという問題がある．急速な技術革新，消費者需要の変化，競争の激化，市場のグローバル化などは問題を一層複雑にする．

生物のライフサイクルの各段階は期間が相対的に決まっており，各段階は一定でしかも連続的である．それに対して，製品ライフサイクルの各段階は期間が製品ごとに変化し，一定ではない．そのため製品ライフサイクルの認識を誤ると利益機会を失う危険性がある．

ところで製品ライフサイクルをある程度まで企業の統制（コントロール）の下に置く手段として計画的陳腐化（planned obsolescence）が採用される．ファッション業界における毎年のニューファッション，自動車デザインの短期間での変更は計画的陳腐化の典型的なケースである．差別化された新しいデザインの導入や機能を付加することで，旧製品の魅力度を低下させ，消費者の新製品への買い替え需要を促す．また製品の部品や素材そのものを物理的に摩滅させることで，寿命の短縮化が図られることもある．消費者にもスタイルの変化に敏感で，新製品や新しいデザインを強く支持する層がいる．ちなみにロジャース（E. M. Rogers）は第4章図4-7のように消費者をイノベーター，

初期採用者，前期大衆，後期大衆，採用遅滞者の5つに類型化し，新製品の普及過程の研究を行っている．

　計画的陳腐化は，需要を刺激するという意味で有効なマーケティング手法のひとつではあるが，自然環境保護の観点から資源の浪費や旧モデルの処理が大きな問題になっている．

　先進的な企業では従来の企業倫理や社会的責任から環境問題や環境対策に取り組まなければならないという姿勢から，より積極的に環境経営を行い，企業理念の中に環境を据えるという発想の転換が行われている．循環型社会に向け，環境志向の製品計画の再検討が不可欠となり，部品の共有化や自然環境に配慮した製品開発も進められている．

第5節　新製品開発

　産業におけるイノベーションは，企業の新製品開発や諸活動に強い影響を与える．たとえば，新薬や化学化合物などを開発する企業は，概して製品や工程の開発が困難で，基本的製品の源泉を研究開発に重点を置く．そのような企業の場合，基礎研究や応用研究には莫大な研究投資と長時間が費やされる．またその成果はいつ出てくるか予測できない．そこで科学的発見，パテントの保護，新しいテクノロジー，長期的な製品・技術開発を重視する．こうした状況では，当然にも研究開発の範囲ならびに研究開発関連の投資量と研究者の質が，研究成果に強い影響を及ぼす．

　他方，製品や工程の開発がそれほど困難ではなく，基本的製品の源泉をマーケティングに置く企業もある．その場合，「それを行うことができるか」（実行可能性）ではなく，「それをどのように進めるべきか」（望ましさ）ということが問題となる．食品や清涼飲料，あるいは菓子，化粧品，雑貨などを開発する企業がそうである．その場合，マーケティングが新製品のリーダーシップをとることが多い．また研究所を持っている企業であっても，その研究所の役割は基礎研究に基づく発見ではなく，むしろ応用研究による製品開発に重点が置れ

ている．

　製品や工程の開発の難易度もほどほどで，基本的製品の源泉を研究開発とマーケティングの双方に求める企業は多数ある．それらの企業の新製品開発は，実行可能性と望ましさという問題もすぐれて両立的である．この場合，マーケティングは特定の望ましいパフォーマンスを洗い出し，研究開発はそれらの特徴を生み出す可能性と有効な方法の発見に取り組む．

　以上のようにここでは製品・工程開発の難易度と基本的製品の源泉という2つの尺度を使って産業特性を検討し，新製品開発を研究開発重視型，マーケティング重視型，中間型と大きく3つに分類した．新製品開発といっても所属している産業特性によってかなり異なる．

　新製品や新事業の計画と開発にあたっては，理想的には，最小のリスクで最大の利益を生み出す製品を開発し，市場に送り出すことが重要である．しかし，経営者や管理者にとっては，きわめて複雑な変数が関与しているので，この理想を達成することは至難の業である．

　そこで経営者は，まずなによりも新製品開発に対して体系的に公式化されたプロセスを確立せねばならない．

　それはつまり，主として関心のある製品分野，新製品開発の各段階での組織上の管理責任，開発開始許可の決定基準などを含む新製品開発の行動基準を設定することである．このガイドラインを設定した後で，以下のような新製品開発プロセスが用いられる．

　　アイデアの創造：すべての新製品はアイデアからスタートする．このアイデアは経済的・事業的成功の特徴や潜在的特徴を等しく備えているわけではない．一般的に，1つの成功する製品を生み出すのに多くのアイデアが必要である．アイデアの創造は新製品や新事業機会に対する絶え間ない組織的な探求である．それは新しいアイデアの源泉の詳細な描写とアイデア創造の方法を含んでいる．消費財に関するアイデアの源泉は，消費者，競争相手，政府機関，その他専門誌，新聞などの外部情報によってもたらされることが多い．これに対して生産財のアイデアは，研究者の基礎研究や応用研究によっ

て提案されることが多い．いずれにしても，アイデアの創造には，消費者のライフスタイルや将来のニーズあるいはテクノロジーの予測を含めた環境の変化に関する広い視野から探索することが必要である．

スクリーニング：スクリーニング段階の主要な機能は2つある．1つは市場に送り出しても儲からない新製品のアイデアを除去することである．もう1つはアイデアを完全な製品コンセプトに育て，拡張することである．新製品のアイデアとコンセプトは区別しなければならない．製品アイデアは製品全般にかかわるものである．これに対してコンセプトは標的市場のニーズを基礎に製品の主要なベネフィットを抽出し，表現したものである．たとえば，経済性，有利さ，便利さ，幸福，美しさなどはすべてコンセプトとなり得るものである．このコンセプトの開発とテストは，製品が標的市場の中で適切なポジショニングを規定することが可能ないくつかのコンセプトを開発し，テストすることを意味する．新製品アイデアのスクリーニングにおいて重要なことは，相乗効果をもつ4つの基準（コンセプト，生産，マーケティング，経営）のみを考慮するだけではなく，市場における新製品アイデアの競争上の優位性をも考慮しなければならない．

事業性の分析：この段階で検討される主要な要因は，需要，コスト，競争および収益性などである．需要は，価格と売上との関係から長期的・短期的な潜在売上高を見積り，成長のスピードや季節性，購入率，チャネルの強さを考慮する．コストは，総コストと単位コストを見積り，既存施設および資源の使用，将来の原材料やその他の費用を計算し，損益分岐点やチャネルのニーズ，規模の経済性を考える．競争は，長期的・短期的なマーケット・シェアを見積り，競争相手の強さと弱さや潜在的競争相手となるであろう企業を想定し，企業別に競争戦略を立案する．収益性は初期コストをどのくらいで回収できるかを見積り，全体の利益や単位利益から投下資本利益率（ROI）やリスクを考える．このように事業として成り立つかどうかを検討し，必要に応じて，具体的な製品計画として，エンジニアリング，パテント（特許権）調査，研究開発，テストに投資する．

開発：この段階は製品アイデアと市場導入のつなぎ目であり，新製品や新事業開発システムの最も重要な中心部分である．そして，それはエンジニアリング，製造，財務，マーケティングおよび環境保護の視点から評価される．もしそれらがすべての点で期待に合致すれば，さらに研究とテストの候補とみなされる．この製品開発段階の最近の特徴は，コンピュータ・シミュレーションなどによって開発期間が著しく短縮されている．この時間短縮によって開発コストが節約される．経営者に対する製品開発レポートは，次のような内容が緻密かつ詳細に織り込まれる．エンジニアリング部門による研究結果，必要な工場設計，生産設備設計，工作機械・用具の要請，テスト・マーケティング計画，資金調達プログラム調査，予想発表日時などである．

　テスト：新製品や新事業は，最終段階まで企業の秘密事項とされる．しかし，この段階で経営者は顧客の承認を得るために製品候補を，企業外部に公開する．いわゆるテスト・マーケティングである．テスト・マーケティングのプログラムは，製品の発売計画に沿って実行される．テスト結果は分析され，マーケティング計画の手直しが行われる．しかしその場合，競争相手の妨害によって意に反したテスト結果に終わる恐れもあるが，それも市場導入にあたって競争相手の行動の1つであると受け止め，競争相手の反応に対応する貴重な情報として用いることができる．

　市場導入：テスト結果に基づく調整の後，経営者は工場施設，設備，人的資源，原材料および実質的なマーケティング戦略の投資に関する最終決定を下し，市場に導入する．そのタイミングは非常に重要で，堅実な組織構造と管理能力を必要とする．またデザイン，製品原価，品質管理，必要在庫量などの誤りを発見し，修正することも大切である．最初のプロジェクト計画と比較することによって新製品の成功を評価するための手続きが完了する．

以上新製品開発のプロセスを考察したが，新製品開発は今や多様化し，複雑化の度を増している．企業の多角化戦略によって，1企業が1つの産業にとどまらずに活動をすることが多くなっているのは，その理由の1つである．その

結果として企業に影響を及ぼす製品計画の中心も，最も重要な新製品プロジェクトの局面を取り扱う研究開発グループに移行する傾向がみられる．

また新製品は自社内で開発するのか，買収・合併，ライセンシングの取得を通じて行うのかという問題も浮上する．買収・合併といっても製品開発を内部化するために取得，製造するために必要なテクノロジーの取得，新製品を製造するために全生産設備や操業方法の取得，市場の取得，と大きく4つに分類できる．

主要部品や原材料（新素材）の調達に関する意思決定，つまり外部調達か自社内開発かの選択の問題もある．それは，単に短期的なコスト上の問題だけに限定されたものではなく，将来の企業成長のために必要なテクノロジーとして自社内に蓄積するという観点から判断されなければならない．

さらにグローバル化の進展に伴い，企業はどこで新製品を開発し，製造し，販売するかといった問題にも直面している．輸出，現地生産，直接投資，ライセンシング，ジョイント・ベンチャー，といった多様な選択肢を睨んで，グローバル市場への参入に関する意思決定を下す必要がある．

企業は製品やサービス，さらには企業自体の価値を高めるために，ブランド構築も考えなければならない．アメリカ・マーケティング協会によれば，ブランドとは，「ある売り手あるいは売り手の集団の製品およびサービスを識別し，競合他社の製品およびサービスと差別化することを意図した名称，言葉，サイン，シンボル，デザイン，あるいはその組み合わせ」と定義する．K.L. ケラー（Kevin Lane Keller）は，「ある製品を別の製品と識別させる属性を選定することがブランド創造における鍵である」と述べ，「ブランドを識別する種々の構成要素をブランド要素」と呼び，ブランドの果たす役割を表6－3で説明する[10]．

一般に，メーカー（製造業者）が作り出したブランドをナショナル・ブランド（NB）と呼び，流通業者（卸売業者や小売業者）が主体的に企画し，生産させ，販売するブランドをプライベート・ブランド（PB）と呼ぶ．

企業名をブランドとして，もしくは統一ブランドとして，全製品（サービス）

に利用する場合をコーポレート・ブランド，企業の製品（サービス）のうちいくつかの製品群にまたがるグループに共通したブランド名をつける場合をファミリー・ブランドあるいはカテゴリー・ブランド，さらに製品（サービス）1つ1つのアイテムにブランド名をつける場合をアイテム・ブランドと呼ぶ．

コーポレート・ブランド，ファミリー・ブランド，カテゴリー・ブランド，アイテム・ブランドのそれぞれがブランドの役割を果たし，企業全体の価値が高まるよう，統合的かつ一貫性のあるブランド・マネジメントが求められている．

表6－3　ブランドの果たす役割

消費者
- 製品の製造元の識別
- 責任の所在の明確化
- リスクの削減
- 探索コストの削減
- メーカーとの約束、契約、協定
- 自己イメージを投影させるシンボリックな装置
- 品質のシグナル

製造業者
- 製品の取り扱いや追跡を単純化するための識別手段
- 独自の特徴を法的に保護する手段
- 満足した消費者への品質シグナル
- 製品にユニークな連想を与える手段
- 競争優位の源泉
- 財務的成果の源泉

Keller, Kevin L.（1998）*STRATEGIC BRAND MANAGEMENT*, Prentice-Hall, Inc. 恩蔵直人・亀井昭宏訳（2000）『戦略的ブランド・マネジメント』東急エージェンシー出版部，44ページ．

製品計画は，新製品開発，製品と市場との関係，製品ライフサイクルの段階，テクノロジーや製品ポジショニングの評価，最適な組織構造など，多様な局面から検討される必要がある．また製品コンセプト，製品ミックスと製品ラ

イン,パッケージングやブランド戦略,品質管理といったさまざまな領域を抱えている.生き残りをかけた大競争の中で,企業は多くの戦略的対応に迫られる.企業の能力(経営資源)と置かれている状況とをよく理解し,その上で,製品計画は立案されるべきである.

1) Kotler, Philip (2001) *Marketing Management* ; Millennium Edition, Prentice-Hall, Inc.(恩蔵直人監修(2001)『コトラーのマーケティング・マネジメント』株式会社ピアソン・エデュケーション,282ページ).
2) 第3章で述べられているが,企業の競争地位について,コトラーは市場リーダー,チャレンジャー,フォロワー,ニッチャーと4つに類型化して説明している.Kotler, Philip (1980) *Marketing Management : Analysis, Planning, and Control*, 4th ed., Prentice-Hall, Inc.
3) Urban, Glen L., Hauser, John R., and Dholakia, Nikhilesh (1987) *Essentials of New Product Management*, Prentice-Hall, Inc.(林廣茂・中島望・小川孔輔・山中正彦訳(1989)『プロダクト・マネジメント』プレジデント社,41-46ページ)を筆者がまとめる.
4) Schnaars, Steven P. (1994) *Managing Imitation Strategies : How Later Entrants Seize Markets from Pioneers*, Free Press.(恩蔵直人・坂野友昭・嶋村和恵訳(1996)『創造的模倣戦略―先発ブランドを越えた後発者たち』有斐閣)では模倣の基本原理や模倣戦略について事例をあげながら詳しく説明されている.
5) ここでいうコピー製品とは,ロレックスやカルティエの模造時計のような非合法な複製(違法品)ではない.
6) Levitt, Theodore (1969) *The Marketing Mode : Pathway to Corporate Growth*, McGraw-Hill, Inc.(土岐坤訳(1971)『マーケティング発想法』ダイヤモンド社,4-15ページ)の一部を筆者がまとめる.
7) Kotler, Philip, and Armstrong, Gary (1999) *Principles of Marketing*, 8th ed., Prentice-Hall, Inc., pp. 239-240.
8) Kotler, Philip (1997) *Marketing Management : Analysis, Planning, Implementation, and Control*, 9th ed., Prentice-Hall, Inc., p. 363.
9) Day, George (1981) "The Product Life Cycle : Analysis and Application Issues", *Journal of Marketing*, Fall, pp. 60-67.
10) Keller, Kevin L. (1998) *STRATEGIC BRAND MANAGEMENT*, Prentice-Hall, Inc.(恩蔵直人・亀井昭宏訳(2000)『戦略的ブランド・マネジメント』東急エージェンシー出版部,37ページ).

第 7 章

価 格 政 策

「マーケティングとは非価格競争をすることである」とよくいわれる．しかし，実際の企業間のマーケティング競争の中では，価格は非常に重要な要素である．特に「バブル経済」崩壊後の「価格革命」「価格破壊」により，価格競争力はマーケティングの重要な要素となっている[1]．また，これから将来にわたって，マーケティング競争の中では重要な要素となるものである．さらに，購買者が価格情報を入手することも容易になった．インターネット上で価格が形成されたり，価格情報が流れるようになるなど，これまで不透明であった価格決定についても情報が増えている．本章では経済学で一般に使用される需給の一致点における価格決定ではなく，現実の企業が，市場対応するためにとり得る価格決定の方法についてみていきたい．

第1節 価格（概念・設定領域・目標）

1 価　　格

一般的に経済学では，価格決定は，商品やサービスの需給関係により決定されると説明される．商品・サービスの需要量が供給量を上回れば，価格は上昇し，需要者の購買中止，購買量の減少につながる．一方，供給者は，生産・販売

を開始,その量を増加させたりする.反対に,商品・サービスの需要量が供給量を下回れば,全く逆の経路を辿り,最終的に需要量と供給量の一致したところで価格が形成される.しかし,このような価格形成がされるのは,完全競争 (perfect competition) が市場において確立している場合のみである.現実の市場においては,統制価格 (controlled price),管理価格 (administered price),公定価格 (official price) などが存在し,完全競争が成立しているとはいえない.

完全競争市場において形成される競争価格 (competitive price) は,完全競争あるいはそれに近い競争状態において成立する.ここでの条件は,商品・サービスが同質であり,小規模な買手,売手が多く存在し,商品情報が双方に浸透し,製品差別化がされておらず,市場への参入撤退が自由であることである.したがって,価格は需給関係によって決定し,売手買手とも価格を需給操作する余地はない.このような具体的市場として商品取引所や中央卸売市場がある.

統制価格とは,需給に左右されず政府や地方公共団体によって直接統制された価格である.これらの価格は,一定の利益が確保できるように保証されているが,最高価格統制は消費者保護の観点から制約されている.公共交通機関の運賃などがその例である.また,管理価格とは,不完全競争下で企業の価格政策によって意識的に設定された価格である.需給に応じて絶えず変化するものではなく,ある程度の安定性を持つものである[2].さらに公定価格とは,政府や地方公共団体が法令によって設定する価格であり,いったん決定されれば市場条件に大幅な変化のない限り変更されないものである.

2 価格設定の領域と目標の設定

価格戦略と価格戦術をあわせたものが価格政策である.価格政策の領域は,価格設定と価格管理に分けることができる.価格設定は,個々の製品に対しての基本的価格を決定する活動であり,価格管理は,価格設定により決定された基本的価格を需要や競争状況に合わせて適合させる活動をいう.

通常,企業は価格設定をする前に,当該製品の目標とする市場やその市場に

おけるポジショニングを明確にしなければならないが,その上で販売量や費用を予測する必要がある.価格目標には,①投資利益の確保,②市場シェアの維持・拡大,③価格とマージンの安定,④競争企業への対応[3],⑤需要への対応がある[4].

また,当該企業が製造するすべての製品ラインについて,共通した目標を設定することもあるが,個々の製品の競争状況などにより,それぞれ目標を設定することもある.さらに,投資利益の確保や市場シェアの維持,拡大などのうちの一つを明確な目標として価格設定したり,いくつかを組み合わせた上で価格目標の設定を行うこともある.

第2節 価格設定方法

1 需要の弾力性 (elasticity of demand)

価格の変化と需要の関係については,需要の弾力性を考慮しなければならない.需要の弾力性には,需要の価格弾力性,需要の所得弾力性,需要のプロモーション弾力性があるが,ここでは,需要の価格弾力性と需要の交差弾力性について説明する.

1) 需要の価格弾力性

需要の価格弾力性は,ある商品に対する需要量の変化率(%)を価格の変化率(%)で除して求められる.

$$\mathrm{Eqp} = \frac{\frac{(Q_1 - Q_0)}{\frac{1}{2}(Q_0 + Q_1)}}{\frac{(P_1 - P_0)}{\frac{1}{2}(P_0 + P_1)}}$$

　Eqp=価格変更による販売数量の弾性値

　Q_0, Q_1=価格変更前,変更後の販売数量

　P_0, P_1=旧及び新価格

需要の価格弾力性は,他の条件が同じと前提したうえで,ある商品の価格が

1％変化したときにその商品の需要量が何％変化したかを示す．一般的に価格が下落することにより，需要量は上昇するので，弾力性の値はマイナスとなる．そして弾力性の値の絶対値が1よりも大きい場合は弾力的であり，絶対値が1よりも小さい場合は非弾力的であるという．需要が非弾力的となる状況は，①代替品や競争企業がほとんど存在せず，②買手が価格の引き上げに気づきにくく，③買手が購買習慣を変化させることなく，低価格品の探索に消極的であり，④買手が価格引き上げが品質改良やインフレなどによると考えるときに非弾力的状況となる．また，需要が弾力的なときは，価格の引き下げが売上高を増加させ，生産費や販売費が販売量の増加にあわせて大幅に増加しない時は有効となる．しかし，価格弾力性は，価格変更の程度や方向性により影響を受け，また長期の場合と短期の場合では異なることに注意しなければならない[5]．

2）需要の交差弾力性

製品（商品）によっては，他の製品価格が変化することによって需要量が変化するものもある．たとえば，デジタルカメラの価格が低下すれば，フィルム

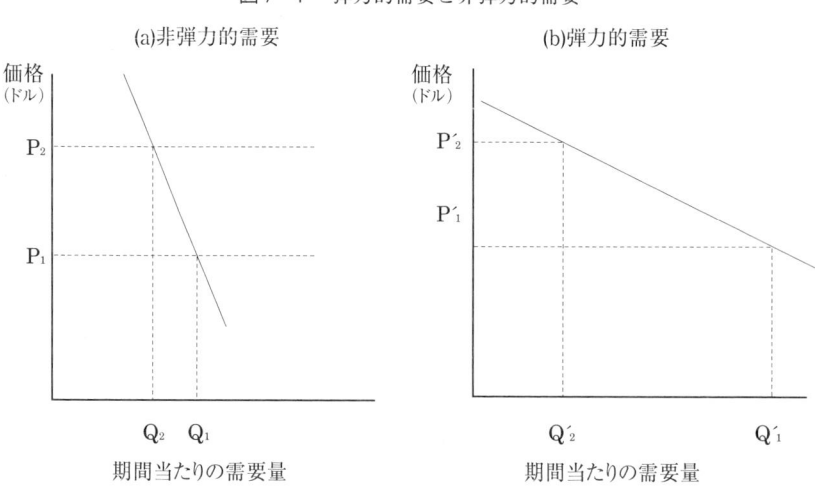

図7-1　弾力的需要と非弾力的需要

(a)非弾力的需要　　　　　　　　(b)弾力的需要

P. Kotler, "*Marketing Management*", The Millenium (10 th) ed. Prentice Hall 2000, p. 459（一部改）

カメラの販売量が低下する．このように，ある商品Aの価格変化に対して，別の製品Bの需要量がどれだけ変化するのかを把握するための概念として，需要の交差弾力性（cross elasticity of demand）がある．需要の交差弾力性は，製品Bの需要量の変化率（％）に製品Aの価格の変化率（％）を乗ずることにより求められる．この時，交差弾力性が負の無限大であればあるほど補完製品の関係にあり，正の無限大であればあるほど，同質の製品と見なすことができ，競争製品の関係にあるという．そして，正でも負でも0に近づけば近づくほど独立製品の関係にあるといえる[6]．

2 コスト志向型の価格設定方法（cost-oriented pricing）

① コスト・プラス法

需要が価格設定の幅の上限になるとすれば，コストはその下限となる．コスト志向型による価格設定の基本的な方法は，コスト・プラス法である．これは商品の原価に一定率（マージン）または金額をプラスする方法である．その算定方法は，

$$1 商品あたりの原価 = 変動費 + \frac{固定費}{見込み販売数量}$$

$$設定すべき価格 = \frac{1 商品あたりの原価}{1 - マージン}$$

により算出される．変動費とは，生産水準により直接変化するものであり，材料費，包装費などであるが，製品単位あたりについては一定のものである．固定費とは，生産量や販売量とは関係なく一定のものであり，操業してもしなくても発生する費用である．たとえば，家賃，地代，光熱費，利子，社員の給料，保険料などがある．

コスト・プラス法の特徴は，需要に基づいた価格設定方法よりも，コストを把握する方が，はるかに容易に価格設定が可能になり，売手である企業にとっても買手である消費者にとっても公正であると見なされやすい[7]．しかし，コスト・プラス法では，マージンは，過去の実績や業界の慣習を基準にして決め

られるのが一般的であり[8]，特に小売業においては，これを目安にすることによって価格が設定され，利益を確実に得られる反面，融通性に欠ける面がある[9]．また，販売数量はあくまで見込みとなり，この販売数量を実現できないときには，負担コストは上昇し，目標利益を達成できないことも起こりうる．

② 損益分岐点（break-even point）を用いた価格設定方法

損益分岐点とは，総費用と総収入が一致する点（営業量）のことである．この営業量は，通常は，売上高で表現される．企業の総費用の中には，売上高の増減に関係なく発生する固定費があり，売上高がこの点を超えると利益が生じ，この点に達しなければ損失が生じることになる．損益分岐点は，下の式から算出することができる．

価格×販売量＝平均変動費×販売量＋総固定費

$$損益分岐点販売量 = \frac{総固定費}{価格 - 平均変動費}$$

$$損益分岐点売上高 = \frac{総固定費}{1 - \frac{平均変動費}{価格}}$$

図7-2 損益分岐点と価格設定

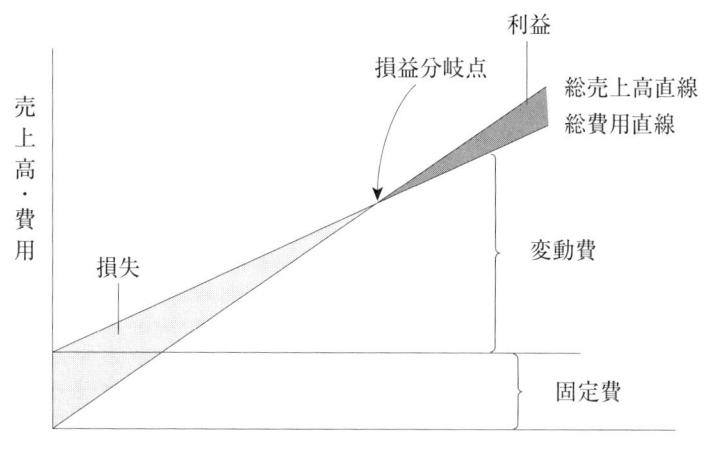

3 需要志向型価格設定方法 (demand-oriented pricing)

需要志向型価格設定方法は，経済学の理論である限界分析 (marginal analysis) の考え方によるものである．限界分析とは，企業が利潤の極大化を図るためには，限界収入と限界費用が一致する点で価格と販売量を決定すればよいというものである．つまりコストよりも消費者の需要に重点をおき，消費者が知覚する商品価値を基準として価格設定したり，価格に対して反応する消費者の心理を利用して価格設定する方法である．需要志向型の価格設定方法は，知覚価値型価格設定と差別型価格設定に区分できる．

1) 知覚価値型価格設定

知覚価値型価格は，コストではなく，消費者の知覚価値を重視するものであり，消費者が知覚する商品価値に基づいて設定される．この場合，消費者が知覚する価値の対象は，消費者心理に影響を及ぼす品質，性能，サービスなどの非価格要素が中心となる．そして，消費者の価格に対する心理的反応を考慮した心理的価格が設定される[10]．以下，いくつかあげることにする．

① 端数価格 (odd price)

端数価格とは，消費者に最大限引き下げられているという印象を与えるために9や8を使い，ある大台を若干下回るようにしたものである．これまで端数価格は，消費者が日常よく購買する日用品，食料品，衣料品などに最初はよく見られたが，最近では，自動車や住宅など消費者の"一生もの"の商品にも見られるようになった．

② 威光価格 (prestige price)

威光価格とは名声価格とも呼ばれ，消費者が実際の品質を評価することが難しい商品の場合には，品質の判断基準として用いられる．その商品がステータスシンボルとなるようなものの場合，企業は意図的に高い価格を設定することがある．この意図的に設定された価格が威光価格であり，宝飾品や高級皮革製品などでよく見られる．

③ 慣習価格 (customary price)

商品によっては，長期間価格が上下しないものがある．そして，長期間価格

が一定であるために消費者の心理に慣習化した価格が形成される．これが慣習価格である．したがって，いったん慣習価格が形成されると，その価格が安くなっても需要はそれほど伸びず，それより高くなった場合などは極度に需要が落ち込む．一時期のガムやチョコレート，清涼飲料などは慣習価格であったといえるが，現在では，品質や量を変え，慣習価格であるとはいえなくなった．

④　プライスライン価格（price-line price）

消費者は様々な種類の商品に対して，価格によって，商品のクラス（high, middle, low）を判断する基準を心の中に持っている．その何段階かのクラスの参照価格にあわせて価格設定される価格がプライスライン価格である．一般にアルコール類などは，高級，中級，普及品にプライスライニングされている．

⑤　ジャスト・プライス（just price）

ジャスト・プライスは，端数のない価格のことをいい，商品に高級イメージやわかりやすさのために用いられる．

2）差別型価格設定

差別型価格設定は，市場をいくつかに区分するという市場セグメントの考え方に基づいている．つまり，それぞれの市場での需要の違いによって同一商品やサービスに対して異なった価格設定をする方法である．したがって，同一商品，同一サービスでありながら2つ以上の価格が設定される．しかし，差別型価格設定は，正当な理由がない場合には，公正な競争阻害となるため違法になることもある．以下，差別型価格設定のいくつかをあげることにする．

①　対象顧客別価格設定

よく購買してくれる顧客（いわゆるお得意様）には，商品を値引きして販売し，そうではない顧客に対しては値札通りに販売したりする．また運賃や料金に大人や子供，さらには高齢者など対象とする顧客に対して価格を別にする．このようにして対象により分ける価格設定が対象顧客別価格設定である．

②　製品形態別価格設定

製品形態別価格設定とは，製品の仕上がりの状態が異なる部分を持つ製品に

対して異なった価格設定をする方法である．たとえば，車のシートが合皮と本革では当然異なった価格設定となる．

③ 場所別価格設定

コンサート会場，劇場，スポーツ競技場など座席によって料金が異なっている．当然，前方のしかもステージに近い席であるほどよく見え，満足度の高いものとなる．したがってそのような座席の方が需要度は高くなる．つまり，場所別価格設定は需要度により差別した価格である．

④ 時期別価格設定

時期別価格設定とは，季節，日，時間などの時期別に価格を変化させる方法である．需要の停滞する季節や時間は，需要を刺激するために価格は割り引かれる．逆に，需要が多くなる季節，時間には価格は上昇する．

4 競争志向型価格設定方法

競争志向型価格設定は，主として競争企業の設定する価格を基準として設定する方法である．日用品を生産する寡占産業では，ほぼ類似の価格を設定している．一方，小規模企業は，リーダー企業に追随する．この方法は，特に，コスト測定が困難で競争相手の反応が不確実なときには，業界の現行価格が目安となるためによく採用される[11]．

① 実勢価格（going-rate price）法

実勢価格法とは同様の製品であれば，他の競争企業の平均価格とほぼ同じ価格を設定するものである．企業が価格を上下させてもすぐに他社も追随するために，価格を変動させた効果はあらわれない．そのため，現行の実勢価格に基づいて価格設定される．このなかではプライス・リーダーと呼ばれる新たな価格を提示する企業があり，プライス・リーダーの提示した価格に追随するプライス・フォロワーと呼ばれる企業が存在する．たいていの場合その業界のトップ企業が，プライス・リーダーとなる[12]．

② 競争価格（competitive price）法

競争価格法は，マーケットシェア最大化という目的のために採用される．つ

まり，競争企業の価格よりも低価格に設定し，その業界におけるマーケットシェアを拡大させようとするものである．この方法は，新製品でまだその製品価値や競争構造が確立していない市場で多く見られる価格設定方法であり，市場の成長期には有効な方法であるが，発泡酒などのような成熟市場で競争価格になると破滅的な結果を招くことになる．

③　入札価格（tender price）法

入札価格法とは複数の売手または買手と取引するときに，文書によって価格を提示させる方法である．入札による取引相手の決定を落札という．入札は，競争志向の典型的な価格設定方法であるが，競争相手に勝つためには競争相手よりも低い価格を提示しなければならない．また，ある水準以下に価格を設定することになれば受注する可能性は高くなるが，利益水準は低下し，業績を悪化しかねなくなる．消費財など安価なものの場合あまり見られないが，生産財などの場合や官庁などで，大口の物品を購入する場合や土木工事の発注にはよく見られる方法である．しかし，談合など不正な取引もありしばしば新聞記事をにぎわすこともある．

第3節　新製品の価格設定

新製品の価格設定は，当該新製品に直接の比較対象がなく，またある欲求の充足に独創的な解決をもたらすものであればあるほど難しい問題となる[13]．難しい問題であるがゆえに，企業の採用すべき方法には全く対極の方法がある[14]．それは，新製品の投入時に高価格を設定し，その後，コストダウンなどにより，価格を徐々に引き下げて競争企業の製品が参入できないようする方法と新製品の投入時に低価格設定をし，マーケットシェア拡大を第一目標とし，その目標の達成後，利益を伸ばしていくという方法である．以下，その方法について説明する．

1　上澄み吸収価格戦略（skimming pricing strategy）

　上澄み吸収価格戦略は，新製品に高価格を設定し，価格に敏感でない高所得者や価格意識の少ない消費者に対してその製品を提供することで，短期間で大きな利益を上げ，その製品の開発コストをできるだけ早期に回収しようとする戦略である．これは，時間経過とともに順次価格を引き下げて，低所得者や価格意識に高い消費者にも販売していき，需要が非弾力的な製品ライフサイクルの導入期によく用いられる方法である．市場における一番うまみのある上澄みを吸収する価格という意味から上澄み吸収価格と呼ばれたり，上層吸収価格，初期高価格政策と呼ばれたりする．この戦略が有効な理由は，①新製品投入時に要する巨額の販売促進費を新製品に高価格を設定し，販売することにより相殺可能であり，②発売当初に新製品を購買するいわゆるイノベーターはそれほど価格コンシャスではなく，③高品質のイメージ醸成に有効であり，④新製品導入時の限界ある生産能力の範囲内で，需要をうまくコントロールできることがあげられる．

　技術革新と大量生産が軌道に乗ったことにより価格が低下したこともあるが，この上澄み吸収価格戦略が採られてきた製品としては，テレビ，ビデオデッキ，パーソナル・コンピュータ，MD（ミニディスク），自動車電話などがある．

　ただ，この戦略の欠点としては，新製品の市場浸透力が弱く，競合他社が模倣品を先発企業よりも低価格で市場導入する可能性が高くなることである．

2　市場浸透価格（market penetration price strategy）

　市場浸透価格戦略は，できるだけ早期に新製品の市場浸透を図るために，低価格で提供しようとするものである．これが採用されるのは，価格に敏感な消費者が多くいること，需要の価格弾力性が大きいこと，大量生産によってコストの節約が可能であること，潜在的競争の脅威が大きい場合である．早期に大きな利益を獲得することはできないが，早期に市場における支配的地位を築くことで，競争企業の参入を抑制しようとすることから，ボリューム・プライシ

ング (volume pricing) といわれたり, 初期低価格政策 (early low-price policy) ともいわれる. この戦略が有効なのは, ①価格の弾力性が大きく, ②大量生産のメリットが大きく, ③その製品の息が長く, 大規模市場が予想可能であり, ④製品差別化戦略がそれほど有効ではない製品である.

このような戦略が採られた例としては, 製品ライフサイクル上, 成熟期にあると考えられる製品の改良型の製品でよく見られたり, 模倣されやすい新製品である. 例としては古いものになるが, 蛍光灯, ボールペンなどがあげられる. また, 1920年代以降しばらくの間, 一世を風靡したT型フォードなどはこの典型とされている.

第4節 価格管理

新製品投入時に設定された価格が適正価格であっても, 需要喚起のために価格を引き下げたり, 生産量の増加に伴いコストが低下し, 価格の引き下げが可能となったり, また, 競争激化に伴い価格を引き下げることがある. 一方, 堅実な需要を利用をしたり, 原材料費の急騰に伴っての価格引き上げなど, 様々な価格に影響を及ぼす要因の変化により, 価格変更が必要になる. したがって, 価格変更は, 一度設定された価格を企業内外の環境諸要因の変化に対応して変更することである[15].

また, 競争企業に先駆けて価格変更する場合には, 顧客と競争企業の反応も予測しなければならず, 新製品の価格設定以上に適切なタイミングと迅速さが要求される. 具体的には, 卸売業者, 小売業者が, 取引上果たしている機能, 取引条件, 販売数量などを勘案しながら価格修正を行うことになる. 主なものには, 流通業者との取引状況に応じて売価から一定額を控除する価格割引と, 一定期間の取引高に基づいて期末に取引高の一定割合を流通業者に払い戻すリベートがある.

1 価格割引

① 現金割引（cash discount）

現金割引とは，支払期日内で一定期限に現金で支払う買手に対して，売手が行う割引である．現金割引を実施する目的は，現在の企業間での売買がほとんど，掛や手形によっておこなわれることが多いが，現金で早期に回収することにより資金繰りがよくなり，貸倒リスクが軽減でき，売掛金の回収費を削減することにある．

② 数量割引（quantity discount）

数量割引とは，一度に多くの商品を購入した大口の買手に対しておこなわれる割引をいう．数量割引がおこなわれる理由としては，在庫費用，販売費用，輸送費用などが節約でき，現金割引と同様，これらの費用節約分を買手に割り戻すからである．数量割引には2種類あり，一定期間の総販売高に対してや1回毎の購入量が一定以上に達した場合におこなわれる，愛顧取引ともいわれる累積的割引と，1回毎の個々の注文に対しての数量の大きさ（ボリューム）に応じて割引される非累積的割引がある．

③ 機能割引（functional discount）

機能割引とは，メーカーが自社製品を流通させる上で，販売，保管，輸送などのマーケティング機能を流通業者が負担する場合に与えられる割引である．流通経路上での業者の位置にしたがって与えられる最終消費者価格からの割引である業者割引（trade discount）とほぼ同義である．

④ 季節割引（seasonal discount）

商品やサービスは，季節によりその需要が大きく変化する．そのため，季節割引とは，需要の変化が激しかったり，ストックの難しい商品に対して販売促進のためにおこなう割引である．たとえば，シーズン・スポーツ施設や，旅行会社は需要の少ない時期に季節割引を実施し，需要喚起を図るために行う．季節変動による需要の弾力性を勘案した一種の複数価格ともいえる．また，季節割引だけでなく，1日のうちで需要の停滞する時間におこなわれるスーパーのタイムセールや1週間のうちで需要の停滞する曜日におこなわれる割引も季節

割引とほぼ同様の意図で行われる．

⑤　アロウワンス（allowance）

メーカーは，自社の製品を流通業者が有利に取り扱ってくれた場合に，一種の割引で還元することがあるが，これをアロウワンスという．表示価格から割引をする別の形態での，下取りアロウワンスや販売促進アロウワンスがある．また，メーカーの意図に沿った広告を流通業者が実施した場合の広告アロウワンスやメーカーの意図に沿った陳列をした場合の陳列アロウワンスなどがある．

⑥　その他の割引

他にも買手が配送などを行う場合に，配送費部分を割り引く運送割引，工場や，配送センターが近隣にある場合にそのエリアに近い特定のエリアからの受注に対して行われる地域割引，そして，長期間にわたっての継続的な取引契約を結んだ場合に行われる契約割引などがある．

2　リベート

リベートとは，一定期間の取引高に基づいて，期末に取引代金の一定割合を流通業者に対して払い戻すものである．リベートには，様々な目的がある．売上の維持・拡大を目的とするものから，代金回収の促進，再販売価格維持を目的とするものまであり，流通業者との長期的協力関係を維持するために用いられる．リベートは，価格政策というよりも，流通業者の利益を金銭的にメーカーが補填するという色彩が濃く，経済的刺激を通じたチャネル・コントロールである．リベートは，売上割戻金，販売奨励金，特別協力金とも呼ばれ，支払方法から定率リベートと累進リベートに区別されるが，現在では限度を超えたリベート政策は，買手側に常にリベートを期待させることにつながる．また競争関係やこれまでの取引関係が急変しているために見直されたり，単純化，廃止される傾向にある．

リベートの種類には，主なものとして，①売上リベート（一定期間内の売上高に応じて支払われる），②支払いリベート（現金または手形で，手形である

ならばその期間の長短に応じて支払われる), ③専売リベート (特定メーカーの製品を優先して販売することによって支払われる), ④協力リベート (特定メーカーの商品の店内に占める位置やキャンペーンなどの協力に対して支払われる), ⑤目標達成リベート (特定期間内にある設定基準以上の実績を上げた場合に支払われる), ⑥品揃えリベート (特定メーカーの商品ライン以上を取り扱うことによって支払われる), ⑦早期引き取りリベート (季節商品などその季節前に商品を引き取ることによって支払われる) などがある.

第5節 価格安定政策

現在の各市場におけるほとんどの製品はいくつかの有力企業により大部分が製造されている. いわばその寡占企業によって市場が占有されているが, 製品差別化による非価格競争が思うほど進まない場合には, 価格競争が激化する. 当然それらの企業にとっては, 価格安定策が重要になる. 価格安定政策は, 寡占企業による価格競争をできるだけ回避し, 最初に決定した価格を一定期間維持しようとする政策である.

寡占企業同士で価格の維持・引き上げ, 生産設備の制限等について協定するカルテルが以前は結ばれていたが, 市場原理を乱すものとして, 現在は独占禁止法第3条で禁止されている. そのために, プライス・リーダーシップとでもいうべきものが用いられている. プライス・リーダーシップが横の協調政策であるとするならば, 縦の価格維持政策ともいうべき再販売価格維持政策が存在する[16].

1 プライス・リーダーシップ (price leadership)

プライス・リーダーシップとは, 価格決定において, 通常はその業界におけるトップ企業である特定の企業の決定した価格に競争企業が追随する形をいう. 価格は全く同じであるか, ほぼ同じ価格に設定される. 寡占市場で, 特にトップの企業と2位以下の企業との企業格差が大きい場合は顕著に現れる. こ

れが典型的な形で成立する条件としては，市場が寡占状態であり，参入障壁が高く，それらの企業の製品がほぼ同質であり，需要の価格弾力性があまり大きくないことである．

プライス・リーダーシップは，価格に関する意思の疎通がない限り，独占禁止法3条違反にはならないが，一定の要件を満たす場合，たとえば，原材料が急騰した場合など価格の同調的引き上げ理由は報告対象になる．日本でプライス・リーダーシップが採られている業界は，ビールや新聞などである．

2　再販売価格維持制度（resale price maintenance policy）

再販売価格維持制度とは，売手が自ら直接売買するだけでなく，買手の売価も支持して売価を維持しようとするものである．再販売とは，メーカーの立場から見ると，卸売業者が小売業者に，小売業者が最終消費者に転売することをいう．再販売価格維持は，製品差別化の行われる商品につき，主としてメーカーが卸売・小売価格を維持するために行うが，卸売業者が小売価格を維持するために行う場合もある．

再販売価格維持政策が採られる主な理由としては，①メーカーや卸売業者のブランド維持のため，②一般小売店の地位の擁護，③大規模小売業者が「おとり商品」（loss leader）として廉売商品になることをさける一般小売業者の擁護のためなどがある．そして，これらの理由により，最終的には消費者の利益も擁護されるというものである．

再販売価格契約（resale price maintenance contract）は，メーカーによって協力的な卸売業者や小売業者への直接販売または委託販売などの販売経路戦略によって行われる方法と契約による方法がある．こうして再販契約が結ばれ，流通業者が従った場合には，一定率のマージンやリベートが支払われる．また，違反した場合には，出荷停止や違約金の制裁を受けることもある．

再販売価格維持制度は法定制度であり，5つの条件を備えなければならない．その条件とは，①その商品が一般消費者により日常使用されているものであり，②その種類の商品について自由競争が行われ，消費者にとって選択自由

があり，③その商品の品質が一様であることが容易に識別でき，④その契約が一般消費者の利益を不当に害するものでなく，⑤その商品の卸売業者が行う場合には，メーカーの意思に反しないことである．これらの条件を整えてはじめて再販指定を受けることができる．

　第二次大戦後，様々な商品に再販指定がなされたが，現在では，外圧もあり，再販売価格維持制度もその例外ではなく，現在大きな岐路にある．新聞や書籍，レコードなどの業界の圧力でわずかに残っている再販売価格維持制度も諸外国と同様，早晩その姿を消すかもしれない．

1) 田村正紀『マーケティング力』千倉書房　1996年　pp. 261-262.
2) 懸田豊「価格政策」『現代マーケティング論』有斐閣ブックス　1989年　p. 61.
3) 久保村隆祐・出牛正芳・吉村寿『マーケティング読本』1978年　pp. 212-213.
4) A. R. Oxenfeldt, "A Decision-Making Structure for Price Decisions," *Journal of Marketing*, January 1973 pp. 48-53.
5) P. Kotler, *Marketing Management*, 7 th ed.（村田昭治監修『マーケティング・マネジメント』プレジデント社　1996年　pp. 455-456.
6) J. J. Lambin, *Le Marketing Strategique : Fondements, Methods Et Applications*, McGraw-Hill 1986（邦訳　三浦信・三浦俊彦『戦略的マーケティング』嵯峨野書院　1990年　p. 342).
7) 恩蔵直人「価格対応」『マーケティング戦略』有斐閣アルマ　1996年　p. 191.
8) 久保村隆祐・出牛正芳・吉村寿『マーケティング読本』1978年　pp. 212-213.
9) 柏木重秋『マーケティング』同文舘　1993年　p. 224.
10) 岡本喜裕『マーケティング要論』白桃書房　1993年　p. 117.
11) P. Kotler, *Marketing Management*, 7 th ed.（村田昭治監修『マーケティング・マネジメント』プレジデント社　1996年　p. 461).
12) M. Chevalier, *Fixation des prix et strategie marketing*, Paris, Dalloz 1977 pp. 140-141.
13) J. J. Lambin, *Le Marketing Strategique : Fondements, Methods Et Applications*, McGraw-Hill 1986（邦訳　三浦信・三浦俊彦『戦略的マーケティング』嵯峨野書院　1990年　p. 339).
14) J. Dean, Pricing Policies for New Products, *Harvard Business Review*, No. 28 1950 pp. 45-53.
15) 寶多國弘「プライシング」『マーケティング論』商学研究社　1983年　p. 137.
16) 岡本喜裕『マーケティング要論』白桃書房　1993年　p. 124.

第 8 章

マーケティング・チャネルと物的流通

第1節 マーケティング・チャネルと物的流通の概念

　マーケティング・チャネル (Marketing Channel) は企業がマーケティング戦略の一環として,自社の商品及びサービスを最終消費者に到達させるために形成される所有権移転の経路のことである.ここで理解すべきことはマーケティング・チャネルがあくまでも所有権移転の経路を「個別企業的視点」から捉えているということである.所有権移転の経路は個別企業的視点以外に,「社会経済的視点」から捉えられることも多い.この場合,所有権移転の経路は社会的商品の流れとして捉えられ,一定の範囲のチャネルの総体である「流通機構」と呼ばれることが多い[1].

　マーケティング・チャネルは個別企業的視点から形成されたものであり,ここでの主体は企業であり,メーカー,卸売業者,小売業者など多様な主体が想定されている.もちろん,これらの全ての主体がマーケティングを行なっているので,各主体のマーケティング・チャネルについて考察することができる.しかし,本章では紙数の関係上,大規模メーカーを主体としたマーケティング・チャネルに関して考察することにする.

物的流通（Physical Distribution）は所有権移転に伴って生じる商品実物自体の移転のことである．所有権の移転と物的流通はかつてほぼ一致していたが，量販店の台頭は所有権移転と物的流通を一致させる形態での管理を可能にしていたメーカーによるマーケティング・チャネル支配を形骸化した．さらに，インターネットを通じた電子商取引の普及は所有権の移転と物的流通の空間的・時間的乖離を促進した．マーケティング研究は，上記の流れを重視して，商流の問題を「マーケティング・チャネル論」としてとらえ，物的流通の問題を「ロジスティックス論」として別個に取り扱ってきた[2]．本章では，上記の傾向を重視し，マーケティング・チャネルと物的流通を区分して取り扱う[3]．

第2節　マーケティング・チャネルの意義と中間業者の利用

メーカーのマーケティング・チャネルは自社の商品及びサービスを最終消費者に到達させるために形成される所有権移転の経路であり，メーカーにとってのマーケティング・チャネルの意義は自社に有利なマーケティング・チャネルを形成することを通じて，できるだけ多くの自社の商品及びサービスを，できるだけ多くの消費者に，より効率的に到達させることにある．

メーカーがこの意義を踏まえてマーケティング・チャネル戦略を行なっていく場合，メーカーが消費者に直接的に働きかけを行なうダイレクト・マーケティング（Direct Marketing）を選択することが最良であるように考えられる．しかし，一部の例外を除いて，メーカーの大多数はダイレクト・マーケティングを選択せず，中間業者（Intermediaries）を通じて商品を提供する（図8−1参照）．

その理由は中間業者を利用した方が費用を削減できるからである．メーカーが全てのマーケティング・チャネルを構築し，管理するための費用は莫大であり，既存の中間業者をマーケティング・チャネルとして利用する方が費用の削減になるのである．こうした中間業者の費用削減効果を示す原理としては「取

図8-1　経路段階別マーケティング・チャネル

0段階　メーカー　→　消費者
1段階　メーカー　→　小売業者　→　消費者
2段階　メーカー　→　卸売業者　→　小売業者　→　消費者

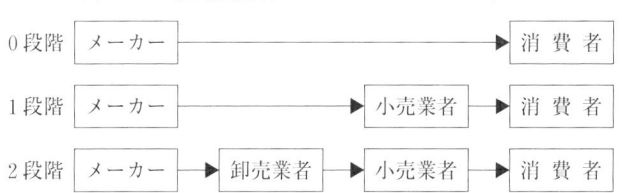

図8-2　取引総数最少化の原理

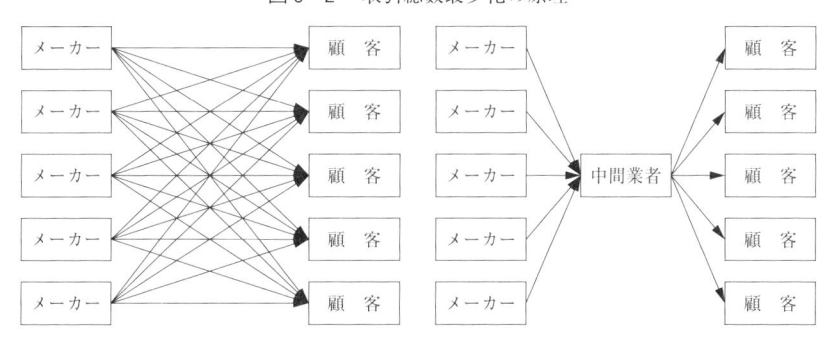

引総数最少化の原理（The Principle of Minimum Total Transactions）」と「不確実性プールの原理（The Principles of Pooling Uncertainty）」が有名である．

　取引総数最少化の原理はマーケティング・チャネル内に中間業者が介入することによって，社会経済全体の取引が整理・統合され，取引の効率が高まるというものである．

　例えば，メーカーと顧客5社ずつの取引を想定すると，中間業者が介入しない場合では，メーカー5社と顧客5社の取引数は5×5で25となり，中間業者が介入した場合では，5＋5で10となり，25－10で15回の取引を削減することができるのである（図8-2参照）．

　不確実性プールの原理は生産と消費の不確実性に対応するために，商品の総在庫量は中間業者が介在した方が，介在しない場合よりも全体としては少なくてすみ，在庫費用が節約されるというものである．

　例えば，メーカーが10社の小売業者と取引し，小売業者は倉庫を確保し，在

庫を保管すると想定すると，中間業者が介在しない場合には，各小売業者は想定される販売量に合わせて非常に膨大な量を在庫する必要が生じる．そうしなければ，販売機会を逃し，消費者が別の店舗に出向いてしまう可能性が高い．しかし，中間業者が介在すれば，中間業者が10社の小売業者の在庫を集中的に管理することができ，小売業者は必要に応じて中間業者に追加補充を依頼することで，それぞれの業者の在庫量を最小限に抑えることができるのである．

第3節　マーケティング・チャネル戦略

マーケティング・チャネル戦略はチャネル選択とチャネル管理に分類できる．チャネル選択はどのような形態のマーケティング・チャネルを構築利用するのかという選択であり，チャネル管理は構築利用するマーケティング・チャネルの効率的な運用の方法である．

1　チャネル選択
(1)　3つの基本的チャネル政策

チャネル選択の代表的な政策はコープランド（Melvin T. Copeland）の理論的基礎[4]に基づいたダンカン（Delbert J. Duncan）の類型化[5]によって確立された以下の3つの基本政策である（図8-3参照）．

①　開放的チャネル政策（Intensive Channel Policy）

開放的チャネル政策は食品や日用品などの最寄品流通に多くみられる．メーカーは消費者の購買頻度の高さに対応して，卸売業者を有効に活用し，できる限り多くの小売業者に商品を供給する．このチャネル政策は市場カバレッジ（Market Coverage）が拡大し，商品1個あたりの流通コストを低く抑えることができる反面，チャネルに対するコントロール力は弱く，需要開拓や販売促進には取扱店に対する様々な支援などの工夫が必要となる．

②　排他的チャネル政策（Exclusive Channel Policy）

排他的チャネル政策は自動車などの専門品やファッションブランドなどにみ

図8-3 開放的チャネルと選択的チャネル

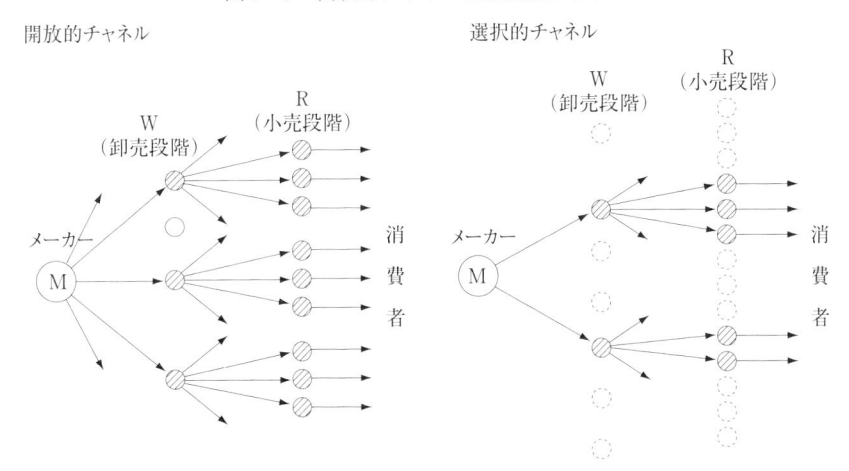

(出所) 鈴木孝「メーカーの流通チャネル戦略」『現代流通論』八千代出版, 1999年, 184ページの図を筆者が一部修正.

られる．メーカーは販売地域別に中間業者を限定し，特定市場における排他的販売権を与えることによって，中間業者を直接的にコントロールすることができる．このチャネル政策はブランド・イメージの維持や高水準のサービスを維持できると同時に，販売権の付与と引き換えに，価格の安定や競合企業の商品取扱いの停止など中間業者の政策を統制することができる．

③ 選択的チャネル政策（Selective Channel Policy）

選択的チャネル政策は上記2つの政策の中間的な性格を持つ．メーカーは自社商品の販売促進を目的として，販売地域別に有能な複数の中間業者のみに販売業者を限定し，限定した中間業者に平均以上の販売成果を期待するのである．そして，中間業者限定の基準は販売能力，注文量，支払能力などである．このチャネル政策はチャネルのコントロール力は開放的チャネル政策よりも強く，自社のチャネル政策に協力的な中間業者を限られた数だけを選択するので，販売促進を協調して効率的に行なうことができる．

(2) 垂直的マーケティング・システム（Vertical Marketing System）

近年のマーケティング・チャネルは上記の3つのチャネル政策が想定してい

た伝統的マーケティング・チャネルから長期的取引関係を意識して組織化された垂直的マーケティング・システム（以下 VMS）に移行している．伝統的マーケティング・チャネルはチャネルの構成員であるメーカー，卸売業者，小売業者，消費者が非計画的にそれぞれ独立して存在し，各自の役割を果していたが，VMS はメーカー，卸売業者及び小売業者があたかも1つのシステムとして，協調して活動する（図8-4参照）．

VMS はチャネルに対する忠誠心の欠如，包括的な目標の欠如，チャネルの不安定性といった伝統的マーケティング・チャネルの弱点[6]を克服すると同時に，重複的サービスの排除，スケールメリットの実現，対外的交渉力の拡大などといった優位性を有し，その形態は以下の3つに分類できる（表8-1参照）．

① 企業型 VMS

企業型 VMS は特定の資本のもとでチャネルの異なる段階が統合されているものである．この VMS はメーカーが販売会社や販売店を設立するなどの前方的垂直統合（Forward Vertical Integration）によるものと小売業者の物流センターの設立などの後方的垂直統合（Backward Vertical Integration）によるものに分類できる．

② 契約型 VMS は

契約型 VMS は契約に基づいてチャネルの異なる段階が統合されているもの

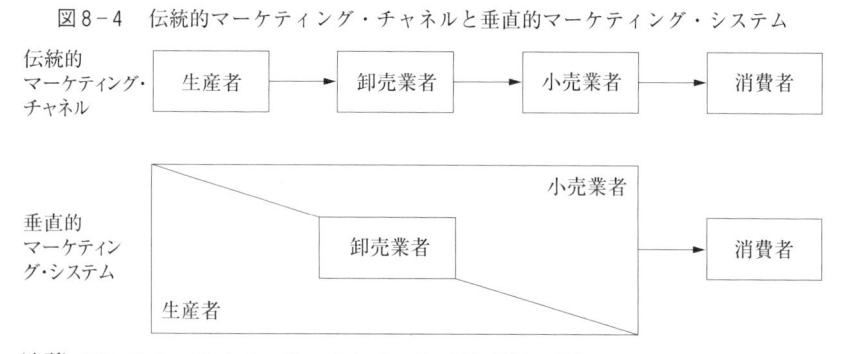

図8-4 伝統的マーケティング・チャネルと垂直的マーケティング・システム

伝統的マーケティング・チャネル： 生産者 → 卸売業者 → 小売業者 → 消費者

垂直的マーケティング・システム： 生産者・卸売業者・小売業者 → 消費者

（出所）Philip Kotler, *Marketing Essentials*, Prentice-Hall, 1984, p. 280.

表8-1　伝統的チャネルと垂直的マーケティング・システムの特質

| 特　質 | 伝統的チャネル | 垂直的マーケティング・システムの形態 ||||
| | | 管理型 | 契　約　型 || 企業型 |
			ボランタリーおよびコーペラティブ	フランチャイズ	
システム全体の目標	なし	制限的かつ非公式的	制限的かつ公式的	包括的かつ公式的	広範かつ公式的
調整メカニズム	駆引きと交渉	マーケティング計画	契約	契約	会社方針
意思決定の中心	個々の組織	非公式の協力	認可された卸売業者	認可されたフランチャイザー	分散的集中的
チャネル関与	不安定	最小限度	並	非常に高い	非常に高い
規模経済への機会	少ない	可能な	よい	非常によい	最高
柔軟性	非常に高い	高い	並	低い	非常に低い
必要投資	非常に低い	並	高い	高い	非常に高い

(出所) Louis W. Stern, Adel I. El-Ansary and James R. Brown, *Management in Marketing Channels*, Prentice-Hall, 1989, p. 302. 光澤滋郎監訳『チャネル管理の基本原理』晃洋書房，1995年，84ページ．

である．このVMSは卸売業者主宰のボランタリー・チェーン（Wholesaler-Sponsored Voluntary Chain），小売業者主宰のコーペラティブ・チェーン（Retailer-Sponsored Cooperative Chain）及びフランチャイズ・チェーン（Franchise Chain）に分類でき[7]，日本では，フランチャイズ・チェーンがコンビニエンスストアやファストフード・チェーンに広く導入されている．

フランチャイズ・チェーンはそのチェーンの主宰者である本部がフランチャイザーとなり，加盟者であるフランチャイジーとの間でフランチャイズ契約を結び，フランチャイザーの商標，商号及びライセンスをロイヤルティなどの支払いの見返りに使用させることによって，同一性のイメージのもとで商品の販売，サービスの提供などの事業を実施する権利を与える．

③　管理型VMS

管理型VMSは資本の異なる企業の間で厳密な契約によらず，チャネルの異なる段階がチャネル・リーダーのもとに統合されているものである．このVMSのチャネル・リーダー（Channel Leader）は非常に強力なブランドを有

するなど市場において支配的な地位を有することが必要であり，その強力なリーダーシップがその他のチャネル・メンバー（Channel Member）の積極的な協調や支持を導き出す源泉となっている．

(3) 流通系列化[8]

上記のVMSが日本において具現化されたのが流通系列化であり，第2次大戦以降，家電業界などが大量の商品を効率的に普及させることを目的に構築していった．流通系列化は特定メーカーが流通業者を「何らかの形」によって組織化し，自社製品の専属的チャネルを構築することである．そして，契約型，企業型及び管理型という3形態が「何らかの形」の中にあてはまり，流通系列化はa．契約に基づく流通系列化，b．同一資本に基づく流通系列化，c．管理的政策に基づく流通系列化に分けられる．

契約に基づく流通系列化は個別的な契約に基づく系列化と包括的な契約に基づく系列化に分けられ，前者は「一店一帳合制」，「テリトリー制」，「専売制」に基づく系列化などであり，後者は「特約店制」，「代理店制」に基づく系列化などである．同一資本に基づく系列化は特定メーカーの販売会社の多くがあてはまるが，販売会社の中には資本契約に基づかず専属的販売契約に基づくものも含まれることを注意するべきである．管理的政策に基づく流通系列化は流通業者にディーラー・ヘルプス，アローアンス及びリベートなどの各種援助策を提供し，協力を行なうことによって，契約関係が結ばれているのと同様の関係を構築することによって系列化することである[9]．

2 チャネル管理

メーカーが最適なパートナーを選択し，VMS構築や流通系列化を行なうことなどを通じて適切なマーケティング・チャネルを構築しても，そのチャネルが適切に管理運営されなければ適切なマーケティング・チャネル戦略が遂行されたとはいえない．以下では，チャネル管理に関して考察する．

(1) 価格維持政策

価格維持政策はマーケティング・チャネル管理手法の典型的なものであり，

流通系列化を通じて構築されたマーケティング・チャネルの管理を行なっていくためには不可欠であった．価格維持政策の代表的な手法が建値制とリベートである[10]．

建値制はメーカーが，自社商品の各流通段階の標準的な価格を，小売価格を100％として，そこから各卸売段階へとさかのぼるかたちで80％，70％などとし，それぞれの流通業者が受け取ることになる粗利益率を引き算しながら決定し，それを基準に取引を行なう制度である．この制度はメーカーから流通業者に一定の利益が分配される仕組みになっているので，メーカーが流通業者を意図どおりに従わせるのに有効な制度であった．

リベートは正式の取引価格による決済が行なわれた一定期間後に，それを修正する目的で，メーカーなどの売り手が受け取った代金の一部を流通業者などの買い手に払い戻す慣行である．リベートは建値制という決まった枠組みを変更せずに，メーカーに協力した流通業者に報償的な目的で支払われてきた．

リベートは販売奨励金とか販売協力金などという名称で支払われることが多く，その協力の手法によって，仕入れ金額に応じて支給される基本リベート，一定期間内の現金支払いに対して支給される現金割引リベート，仕入量の大きさに応じて累進的に支給される数量割引リベート，販売目標の達成に対して支給される目標達成リベート，小売業者の販売促進活動に対して支給される販売促進リベート，小売業者にメーカーから直送した時，当該取引に関与した卸売業者に対して支給される帳合リベート，店頭における自社商品比率の高さに応じて支給される占有率リベートなどがある[11]．

(2) 協力による管理

価格維持政策はメーカー主導のマーケティング・チャネルが前提であった．しかし，大規模小売店舗をチェーン展開する小売業者が高度経済成長を経て台頭し，彼らはその購買力と情報通信技術の発達によって獲得された情報力によってチャネル内での主導権を確立しつつある．小売業者が主導するチャネルにおいては，販売協力金のようなメーカーの協力依頼に従う流通業者への報償提供という方法による管理は不可能になる．

新たに台頭した多くの小売業者は短期的な利益を求めて，メーカーに対して多様なリベートを請求することも多かったが，小売業者の主導するチャネルが定着し，バブル経済の崩壊，成長を続けてきた大規模小売業者の相次ぐ破綻及びグローバル・リテイラー（Global Retailer）の進出などを経て，先進的な小売業者はこうした対立は何も生み出さないということを認識し，チャネルの部分最適ではなく，全体最適を追求するようになりつつある．

他方で，メーカーも全体最適を目指して小売業者と協力することや中小小売業者を重視するなどの新たなマーケティング・チャネル管理の方向性を模索するようになりつつある．その具体的な動きが製販同盟などの戦略的提携（Strategic Alliance）や中小小売業者に対するリテールサポート（Retail Support）である．

戦略的提携はメーカーと小売業者の提携が相次いだことから製販同盟とも呼ばれ，1990年代後半に注目された．代表的な事例は消費財メーカーとコンビニエンスストアによる製販同盟であり，POSシステム（販売時点管理システム）などから得られた消費者ニーズをコンビニエンスストアが消費財メーカーに直接提供することで，販売機会を逃さず，無駄な在庫を圧縮することを可能にした．

リテールサポートは卸売業者が中小小売業者に提供する支援ということで認識されてきたが，メーカーもこの活動を支援すると同時に，積極的に参画することも必要である．この制度は米国においてはかなり一般的であるが，日本ではサービスは無料といった風潮が根強いといった理由で，なかなか浸透していない．しかし，グローバル・リテイラーの進出がサービス・コストの明確化を促進しており，今後この制度が有力なチャネル管理手段となる可能性がある．

第4節　物的流通

マーケティング研究は既述のように，物的流通の問題を「ロジスティックス論」として取り扱ってきたが，近年新たに「サプライ・チェーン・マネジメン

ト（Supply Chain Management）」という概念が注目され，ロジスティックスからの転換が促進されている（表8-2参照）．以下では，物的流通，ロジスティックス，サプライ・チェーン・マネジメントという3つの概念を中心に物流の捉え方の変遷について検討を進め[12]，今後の物的流通の方向性について示していく．

1 物的流通

物的流通は所有権移転に伴って生じる商品実物自体の移転のことである．物的流通は主に空間の移動にかかわる輸送，時間の移動にかかわる保管，上記の2つの機能の補完的活動である荷役，包装，流通加工に区分できる．これらの活動は当初トレードオフの関係にあるため，個別に行なわれていたが，米国では1950年代，日本では1960年代後半に，これらをシステムとして捉え，トータルに効率化，合理化することの優位性が指摘され，物流システム化が推進された[13]．

2 ロジスティックス

ロジスティックスは本来は軍事用語の「兵站」であり，「前線で戦う軍隊の

表8-2 物流，ロジスティックス及びサプライ・チェーン・マネジメントの概念

	物流	ロジスティックス	サプライ・チェーン・マネジメント
対象	輸送，保管，包装，荷役，流通加工といった諸活動	調達，生産，販売といった活動	メーカーから最終消費者までの全活動
目的	物流部門内の効率化	社内全部門の流通効率化	チャネル全体の流通最適化
方法	システム化，機械化，自動化	POS，VAN，EDIなど	戦略的提携 アウトソーシング
時代	米国：1950年以降 日本：1960年代後半以降	米国：1970年代以降 日本：1980年代後半以降	米国：1980年代以降 日本：1990年代後半以降

（出所）西澤脩「供給連鎖管理によるロジスティックス・コスト」『企業会計』第49巻第5号，1997年，27ページの表を一部修正．

後方支援業務」を意味したが[14],第2次大戦中に軍隊でロジスティックスを担当した専門家が戦後海外進出を行なう多国籍企業においてその概念を応用したことにより,米国では1970年代,日本では,1980年代後半にビジネス界に浸透した[15].

全米ロジスティックス管理協議会（Council of Logistics Management）によると,「ロジスティックスとは,顧客の要求に適合することを目的とし,物,サービスとそれに関連する情報を産出地点から消費地点まで,フローと保管を効率的かつ最大の費用効果において計画,実行,統制する過程である」と定義される．そして,その特徴は物流システムをさらに進め,顧客サービスの向上やトータル物流コストの削減のために,調達,生産,供給の活動を一連のプロセスとして統合するところにある[16].

3 サプライ・チェーン・マネジメント

エリラム（Lisa M. Elliram）とクーパー（Martha C. Cooper）によると,「サプライ・チェーン・マネジメントは供給業者から最終消費者に至るまでの全体的な流れを計画し,管理するための統合的な考え方」と定義される[17].ロジスティックスが単一企業内の諸活動の統合であるのに対して[18],サプライ・チェーン・マネジメントは供給業者から最終消費者までの複数以上の企業の諸活動の統合であり,米国では1980年代,日本では1990年代後半に普及し始めた概念である[19].

この概念は調達から最終消費者までの流れの全体最適を目指した概念であり,企業を越えての統合を強く意識している．そして,この概念が普及し始めた背景には,規制緩和,情報通信技術の発達などによるグローバル競争の激化がある．つまり,より高い水準での競争が単一企業のみでの取り組みでは不十分である状況をもたらしたのである．グローバル競争がさらに進展することが予測される現状では,様々なレベルでのサプライ・チェーン間の競争が激化し,全体最適を求める動きが強まっていくとみられる.

1） なお，流通チャネルという概念は現在ではマーケティング・チャネルと同義で利用されることも多いが，本来，個別商品の所有権の移転経路を社会経済的視点から捉えたものである．
2） 八ッ橋治郎「顧客起点のマーケティング・チャネル」『マーケティング・ジャーナル』第21巻第4号，2002年，59ページ．なお，八ッ橋は物流・ロジスティックス領域における課題の解決には，商取引におけるチャネル・リレーションシップの転換が不可欠であり，物流と商流を同一線上で論じる必要性を述べている．
3） マーケティングの中での物流の位置付けに関してコンセンサスがあるわけではない．マーケティングの中での物流の位置付けに関する中田の考察は興味深い．中田の考察に関して詳細は，中田信哉「物流，そしてロジスティックス」池尾恭一編『マーケティング・レビュー』同文舘，2001年，133-142ページを参照．
4） Melvin T. Copeland, *Principles of Merchandising*, A. W. Shaw Co., 1927, pp. 27-129.
5） Delbert J. Duncan, "Selecting a Channel of Distribution", Richard M. Clewett ed., *Marketing Channels for Manufactured Product*, Irwin, 1954, pp. 367-403.
6） Louis W. Stern, Adel I. El-Ansary and James R. Brown, *Management in Marketing Channels*, Prentice-Hall, 1989, p. 272. 光澤滋郎監訳『チャネル管理の基本原理』晃洋書房，1995年，46ページ．
7） Philip Kotler, *Marketing Management (The Millenium ed.)*, Prentice-Hall, 2000, pp. 505-506.
8） 流通系列化という概念は非常に頻繁に使用されているが，その利用に関して十分な議論がなされているとはいえない．流通系列化の概念に関して詳細は，田村正紀『日本型流通チャネル』千倉書房，1986年，188-192ページを参照．
9） 鈴木孝「メーカーの流通チャネル戦略」『現代流通論』八千代出版，1999年，188-189ページ．
10） 三浦俊彦「流通チャネル対応」『マーケティング戦略』有斐閣，1996年，242-243ページ．
11） 小林逸太「流通規制と商慣行」『ゼミナール　流通入門』日本経済新聞社，1997年，341-344ページ．
12） 阿保栄治，矢澤秀雄『サプライチェーン・コストダウン』中央経済社，2000年，9ページ．
13） 菊地康也『ロジスティックス概論』税務経理協会，2000年，26ページ．
14） ロジスティックスの起源に関して詳細は，柳繁「ロジスティックスの起源と基礎理論」『品質管理』第44巻第5号，1993年，13-15ページ．
15） 菊地康也「ロジスティックスの本質を考える―統合（Integration）概念を中心として」『流通とシステム』第99号，1999年，87ページ．
16） 拙稿「国際マーケティング」『現代マーケティング論』創成社，2001年，212ページ．

17) Lisa. M. Elliram and Martha. C. Cooper, "Supply Chain Management, Partnerships and the Shipper-Third Party Relationship", *International Journal of Logistics Management*, No. 2, 1990, p. 1.
18) 唐沢豊『現代ロジスティックス概論』NTT 出版, 2000年, 382ページ.
19) 菊地康也「サプライチェーン・マネジメントの将来」『流通情報』第392号, 2002年, 38ページ.

第 9 章

卸売マーケティング

　卸売業のマーケティング (marketing) を考察する際には，卸売業の定義，歴史，役割，おかれている状況，流通革命 (distribution revolution) の内容を明確にすることが先決である．卸売業が日本の物価高の要因であるというような論調も存在し，卸売業は長年にわたって存在意義が問われてきた．小売業と異なり卸売業は一般の消費者が接しないので理解しにくい部分が少なからず存在するが，流通機構 (distribution structure) のなかで卸売業がなくなるということは考えられない．IT (Information Technology) 革命により，役割の変化は予想されるが今後も卸売業は日本の社会で大きな役割を果たしていくことが予想される．

第1節　卸売業とは何か

　問屋 (commission merchant) と卸売商の区別が不明確になっている．問屋は商法で定められている．そこでは一般的な卸売業の内容とは異なることが定められているが，2つの用語は実務的にはほぼ同じ意味で用いられている．
　問屋は狭義の卸売商と考えられ，買い手に対して取引上の責任を負い，所有権を取得するか否かで卸売商と異なるが，買取販売の危険の減少により問屋は

卸売商と同等になり，双方は区別されないことが多くなっている．

　加工食品の事例で考察すると，加工食品の場合，工場で生産された商品を最初に販売するのはメーカーの営業所である．メーカーの営業所から一次卸売業，商社，業務用卸売業などに販売される．一次卸売業は業務用卸売業に販売する場合もあるが，多くの場合は二次卸売業なり小売業に販売する．

　卸売機能を遂行している企業や人を卸売業と規定すると，加工食品の卸売業とはメーカーの営業所，商社，一次卸売業，業務用卸売業，二次卸売業を指すことになる．

　通常，メーカーの営業所や商社を卸売業とは言わないので，卸売機能を遂行する企業や人をすべて卸売業とすることはかなり広義の解釈であり，社会一般の解釈とは異なる．

　社会一般で卸売業という場合は，一次卸売業，業務用卸売業，二次卸売業を指すが，これらは問屋とも呼ばれており，同意義に用いられている[1]．

　卸売は，小売と対比する概念で，小売が最終の家庭，私的消費者への販売であるのと区別される．卸売，小売の区別は販売の相手方が誰かによるものであり，仕入先や販売数量というものは本質的な区別の指標ではない．卸売の守備範囲は極めて広いので，その取引も多段階的となり卸売過程の多段階化が形成される．小売は最終消費者の一段階の販売であるが，卸売は多段階のものとなる[2]．

　卸売業は以下のように分類される．

・各種商品卸売業

・繊維品卸売業

・化学製品卸売業

・鉱物・金属材料卸売業

・機械器具卸売業

・建築材料卸売業

・再生資源卸売業

・衣服・身のまわり品卸売業

- 農畜産業・水産物卸売業
- 食料・飲料卸売業
- 医薬品・化粧品卸売業
- 家具・建具・什器等卸売業
- その他の卸売業

それぞれの卸売業界でマーケティング戦略のありかたが異なる．

第2節　卸売業の歴史

卸売業の歴史は問屋の歴史と置きかえられる．

問屋の起源は中世の問丸であるが，問丸とは各地の中継港や陸上交通の要地に本拠を構え，各地から輸送されてくる荷物の荷受け，積荷，商取引，輸送等を一手に担っていた物流業者である．

問丸は年貢の陸揚げや積み替え，輸送などの任にあたっていたので，問屋のルーツの機能は物流機能であると考えられる．問丸の多くは戦国時代の御用商人として特別の保護を受け資力を蓄えていった．問丸はやがて中世末期から近世初期にかけて，機能的，商品的に分化し，この分化の過程で問屋という呼称に変わった．

問屋という言葉が広く一般化したのは江戸時代に入ってからであるが，江戸や大阪の問屋は幕府の庇護のもとで株仲間を形成している．一業種における問屋の株を制限し，相当額の冥加金を上納した問屋だけを株仲間として公認し，幕府は種々の特権を与えた．これによって問屋の地位は安定し，問屋は強力な資本を蓄積し，問屋制支配の流通が確立したのである[3]．

株仲間の伝統を受け継いで，明治以降も卸売業は業種別に問屋組合を結成し横の連携を強め，メーカー団体等に対して強い発言力を有した．しかし近年は一部の有力な組合を除いて多くの卸売業の組合はメーカー等への発言力を弱めているし，卸売業同士の過当競争の激化とともに組合間の連携も弱まっている．

要するに，卸売業の相対的な力は歴史をさかのぼるほど強かったのである[4]．

卸売業の機能の分業化が進んだことが，相対的な力を弱めた要因である．かつて機能の柱であった物流機能は物流業者の台頭によって，その位置付けが変化しており，また情報流の役割も情報産業の進出によって変化しつつある．

第3節　卸売業の存立基盤

メーカー → 卸売業 → 小売業 → 消費者という典型的な流通過程の中においては，生産者は商品の開発と生産，小売業には商品の最終消費者への直接販売という機能領域があるが，卸売業はそうした固有の機能領域を持つ生産者と小売業の中にあって，流通機能の専門的な担い手としての位置付けにある．しかしその役割については，生産者の販売代理機能であったり，小売業の仕入代理機能であったりと，必ずしも明確な独自の機能領域を有しているとはいえない部分がある[5]．

独自の機能領域を有しているとはいえない部分が，問屋無用論や流通の中抜き論に結びつくとも考えられる．生産者の販売代理機能は他の形態が有することもでき，小売業の仕入代理機能は必ずしも卸売業を利用しなくても可能であるからである．

生産者および製造業者がなぜ中間業者に販売業務を代理させるのかというと，中間業者の介入によって社会経済的な有効性と危険負担の分散化が期待されるからである．

これは，取引総量最小化の原理（principle of minimum total transactions）と集中貯蔵または不確実性プールの原理（principle of pooling uncertainty）で説明される．

取引総量最小化の原理とは，マーケティング経路内に中間業者が介入することによって，社会経済全体の取引が整理，統合され，取引の効率化が高まるということである．

中間業者が介入しない場合，メーカー3社と顧客3組の取引の直接的接触の回数は9回となるが，中間業者が1社介在すると取引回数は6回に削減することになる．取引総数の削減効果はマーケティングコストの削減につながる．

集中貯蔵または不確実性プールの原理とは，生産と消費の不確実性に対応するために，商品の総在庫量は中間業者が介在した場合のほうが，介在しない場合よりも全体的に少なくてすみ，在庫費用が節約されるという原理である．

例えば，10社の小売業者がそれぞれ300個の在庫量を常時必要であるとすれば，小売業10社の総必要在庫量は3,000個となる．一方，生産者（製造業者）10社は消費の不規則性を考慮して，小売業者10社の受注に対応するために常時200個の必要在庫量を抱えているとすれば，その総必要在庫量は2,000個ということになり，中間業者が介在しない場合の生産者と小売業者の必要在庫量は合計5,000個となる．

そこへ中間業者が介入すれば，受発注業務の短縮化や物流の時間，距離の短縮化などの効果によって，生産者10社の各々の必要在庫量が100個に半減すると同時に小売業者10社の必要在庫量も各社200個に削減できるとすれば，合計2,000個の必要在庫量が削減されることになる．しかし中間業者もまた市場経済におけるある種の緩衝的な役割を果たすためにある程度の在庫を保有する必要があるので，その必要在庫量を仮に1,000個とすれば，結果的に節約された必要在庫量2,000個から中間業者の必要在庫量1,000個の在庫量が削減されることになり，市場経済が拡大すればするほどその効果は大きなものとなる[6]．

この2つの原理は規模が拡大するほどその効果が大きなものとなる．

この取引総数最小化の原理は，卸売業が伝統的に担ってきた所有権移転機能，情報伝達機能，物流機能の削減効果であり，必ずしも卸売業の存在基盤を説明するものではない．

これらの機能については，卸売業がその流通の中間段階にある位置を活かして効率的に遂行することを前提にしている．もしもこれらの卸流通機能が効率的に遂行できないなら，同業他社はもとより各機能を効率的に遂行できる他流通機能に代替される可能性を示唆している．

流通の情報化によって以下のような局面が見られるようになった．
・生産者による卸売業を介在しない小売業への直接の情報提供や販売活動と取引契約のケース
・取引は卸売業を経由しつつも，物流は生産者から小売業や消費者に直送されるケース
・その他，物流は物流専門業者に依存し，取引情報伝達では情報処理専門業者が介在しているケース

そのような個別流通機能の遂行局面においては，卸売業によらない多くの現実にもかかわらず，卸売業は流通機能全般を担う中核的流通業として位置付けられてきた．伝統的な卸流通においては，売買と情報が密着しており，売買の集中によって情報が集中してくるという構造が大きかった．売買取引こそ最大の情報伝達の場であったのである．

流通の基本機能のもう一つの側面である物流は，そうした取引と情報伝達を受けて機能するものであり，集荷，分散，荷役等という細分化された物理的活動の積み上げを基本とするものであった．

卸売業は，取引と物流を媒介する情報伝達の結節点，つまり流通機能の集束経路としての役割を担ってきたが，そうした状況が情報化が急速に進行することによって大きく変わりつつある[7]．

第4節　卸売業の機能

1　販売と販売促進（sales promotion）の視点による機能

販売促進とは，プロモーションツールのうち，広告（advertising），人的販売（personal selling），パブリシティ（publicity），PR（Public Relations）を除く販売促進活動のことであり，販売と販売促進の視点で検討すると以下の項目があげられる．

・仕入れと品揃え
・小分け・小口化

・保管

・輸送

・金融

　卸業者の金融機能は，取引先への信用供与が中心であるが，売掛金の回収に便宜を図るということも含まれる．医薬品卸は新規開業の医療機関の医薬品の代金を経営が軌道に乗る半年程度は猶予するがこうした機能は金融機能に分類される．

・危険負担

　所有権取得に伴う破損，陳腐化などのコストを負担することが含まれる．

・市場情報提供

　メーカーと小売店に市場情報を提供することである．メーカーの営業担当者は競合メーカーの動きや小売店の詳細な情報を卸売業の情報から収集する．小売店もメーカーの情報を卸売業者から収集している．

・小売業の経営支援サービス

　経営相談，販売員訓練，店舗レイアウト，陳列援助，在庫管理システムの導入等広範囲にわたるものである．重要な機能なので紙幅をとって説明する．

　卸売業の業態は以前はメーカーの代理店として販売権を得るものであったので，それによって販売量を確保することができた．また，日本的な取引慣行の活用を通じて販売ルートの確保を行ってきた．

　消費者ニーズの高揚と経済のグローバル化，規制緩和の新たな環境のもとに価格破壊が進行しているが，ローコスト化に対応した小売業による取引ルートの変更がある．卸売業にとって極端な価格競争は企業の維持，存続を考えるのならば限界がある．非価格競争を拡大することが生き残りの方策となるので，リテールサポート戦略は卸売業が成長するために不可欠な戦略となっている．

　日本におけるリテールサポートで特徴的なことはネットワークの活用であった．小売業では，POS（Point Of Sale）導入，EOS（Electronic Ordering System）導入のための支援が卸売業から行われ，普及率は飛躍的に向上した．ネットワークを活用し，店頭における適正基準在庫数を決めることにより，売れた

情報の自動処理で商品の自動補給の仕組みを作っている．小売業では発注の手間が省け，店頭での欠品を防ぐことができる．卸売業にとっても計画的な在庫，仕入れができる．

物流ネットワークの構築と物流業務の効率化によるリテールサポートは，一層高レベルのものとなった．

卸売業の小売業に対するサービスは，元来は商品配送だけにとどまっているケースが多かった．情報ネットワークの構築に伴い卸売業からの情報提供は容易になっており，小売業でも重要な機能として期待している．

具体的には売れ筋，死に筋情報，売り出しなどの要因別動向などの把握，商品別 ABC 分析，売上ベスト分析，仕入れワースト分析，仕入れゼロ商品分析などの分析，整理が進められている．自店における商品情報，分析だけでなく，卸売業が持っている情報との比較が重要なリテールサポート情報となっている．

商圏分析や開業計画策定などの調査，経営指導に関するメニューもリテールサポートとして重要視されている．過去の評価実績にもとづき質の高いレポートが作成されている[8]．

2　上述の項目の別の視点による機能

卸売機能は，生産と消費の間の需給の時間的，空間的，数量的，情報的なずれを調整する機能と，生産者および小売業者ないしは産業用購買者に対する指導．支援機能に分けられる．

・時間的ズレ

生産者が商品を生産した時期に，消費者が商品を消費することは不明である．それゆえに卸売業者が倉庫等で商品を保管する必要がある．

・空間的ズレ

生産者と消費者が同一地域内に存在しないかぎり輸送が必要となる．卸売業者の物流機能がその担い手となる．

・数量的ズレ

生産者は商品を大量に生産するが，消費者は家庭で消費する分しか商品を購入しない．したがって小売店は卸売業者の小分け，小口化機能を必要とする．食料品の場合，日本の主婦は鮮度を重視するので買いだめをすることは少ない．したがって小売店は少量多頻度の配送を卸売業者に求めている．

・情報的ズレ

生産者と小売店の間の情報のズレを卸売業者の情報流が補足している．その情報流は小売業者をつうじて消費者にも伝達されるので生産者と消費者の情報のズレを狭める働きを担っている．

第5節　卸売業を取り巻く状況

多くの要因により卸売業を取り巻く環境が変化した．消費の多様化により，様々な情報システムの整備が必要となっているが，そうした整備が可能なのは，一部の勝ち組みの卸売業者にすぎない．大店法緩和により中小小売店は厳しい状況に追い込まれたが，そうした小売店との取引を中心とする中小卸は厳しい経営に直面している．

経済産業省「商業統計表」（平成11年）によれば中小卸売業の商店数は約42万3,000店となっており，全体の99％を占める．また，年間販売額は309兆円であり全体の62％を占めている．中小卸売業は大手卸売業に比べ商店数の減少には若干歯止めがかかっているものの，年間販売額の落ち込みは顕著になっている等厳しい経営環境におかれており，需要の停滞を経営の問題ととらえている中小卸売業が全体の5割を占めている．この背景には以下のような理由が存在する．

・中小卸売業の取引先は中小小売業が主体となるが，中小小売業は近年の消費の低迷や競争の激化により，販売額が落ち込んでいる．

・小売業は取引先である卸売業の選別を進めることにより，効率化を図ろうとしている．中小企業庁によるアンケート調査によれば，過去5年間取引先を集約している小売業が40％〜50％存在しており，仕入先の絞り込みが

確実に進行していることがうかがえる．

メーカーも卸売業経由の流通チャネル政策を主体に維持していくが，徐々に小売業直結の流通チャネルのウエイトが高まるという意識が高まりつつあり，ますます卸売業は選別される傾向にある[9]．

つまり中小卸は何かしらの売り物がなければ生き残れないのである．

今後中小卸売業は以下の戦略が求められると考えられる．

・リテールサポートの強化

小売業は，小売店舗における商品差別化に寄与する商品情報の収集，提供を始めとして各種小売支援に大きな期待をしている．

卸売業の経営状況の改善のためには，取引先である小売業の業績向上が欠かせず，卸売業が自ら小売業の経営支援を行っていく必要がある．そのためにはマーチャンダイジング（merchandising）機能を強化し，適正な取扱商品，価格，時期，数量を取引先小売店に的確に提示していく必要がある．

・情報マッチング機能の強化

卸売業はメーカー及び小売業の中間に立っていることを強みとし，双方の情報のマッチングを行うことで情報の流れを円滑にするとともに，その情報を積極的にメーカー及び小売業に提供していくことが望まれる．

小売業はリテールサポートによる様々な情報提供を期待しているが，メーカーにおいても小売売場における商品の売れ行動向把握，メーカーへの販促計画の提案活動，製品開発コンセプト等の製品情報の小売業に対する提供活動等，小売店の情報のフィードバックや小売店に自社の製品情報等を提示していく情報の流れのサポートを卸売業に期待している．

物流に関しては，小売業が納品率，定時配送，一括納品といった従来からの卸機能に加えて，物流コストの分析と情報提供，物流システムの開発，指導を求める一方，メーカー側からは小売業の物流コスト削減を可能にするための卸売業の効率的物流活動に大きく期待している．

卸売業は従来の商品流通機能のみならず，情報の蓄積，マッチングを行い，双方のニーズに適合する情報を提示していくというサービスを加えることに

よって存在意義を見出さなければならない[10].

こうした中小卸売業が置かれた状況を考察すると，生き残りのためには可能な限りのマーケティング戦略を進めなければならないことが把握できる．そうしたマーケティングのスキルが評価されることによって大手卸の一事業部として吸収されるというケースも多く報告されている．

90年代は卸売業の統廃合が続いた．食品卸売業による酒卸売業への資本参加や酒卸業からの営業権譲渡，さらには酒卸業の吸収合併など加工食品や菓子，酒などの業界で異業種卸売業者の合併や業務提携が続いた．その背景には小売業の業態店化による納入業者の絞り込みがある．それに対応すべく食品卸売業界では取り扱い商品のフルライン化に努めた[11].

卸売業は常に厳しい状況に置かれ，革新的な経営努力やマーケティング戦略を実行できない企業は淘汰される状況にある．

第6節　流通革命と問屋無用論

60年代に第一次流通革命があり，80年代に第二次流通革命があった．

第一次流通革命は，60年代にメーカーの大量生産体制の確立，消費者の所得水準の向上，自動車の普及によるモータリゼーション（motorization）によって出現したスーパーの急成長による動きである．

小規模なメーカーと小規模な小売業をつないできた卸売業は，大規模メーカーによる大量生産，大規模小売業による大量販売の仕組みが整うことによって大手メーカーと大手小売業が直結することにより排除されていくという問屋排除論で揺れた．

これは，規模の経済性を追求する時代の発想であり，昨今の卸売業が直面する危機，成熟化における流通構造変化による危機とは様相が違っている[12].

この時期，問屋無用論，問屋斜陽論，問屋滅亡論，問屋排除論ということが唱えられた．内容はほぼ同一であるが，この問題を提起し，国民経済的立場から問屋滅亡論に賛成した林周二氏は以下のように論じている．

「筆者が賛成する問屋減亡論とは昔の意味における減亡論であり，問屋減亡論は，経路機能を持つ卸業までもの一様な減亡を意味するものではない[13]．」

林氏は以下のようにも論じている．

「あらゆる問題を考察するに当たり，部分的な真理をもって全体的な真理と置き換えないでほしい．私たちは中小商業問題を考察しているのではなく，流通経済問題を考察しているのである．私たちは流通を考えていくというだけではなく，流通で考えていく姿勢をもつべきである[14]．」

林氏の問屋減亡論は，卸売業者がその真意を汲み取ったかが問われている．そして卸売業者のありかたについて最初に疑問を提示したものであるゆえに，流通研究者は必読の論理であるといえる．卸売業を検討する際には，そうした歴史的な背景による基礎考察も不可欠である．

佐藤肇氏の流通合理化論も必読である．

「わが国のいわゆる流通革命論は，流通経路の短縮こそが流通経路の合理化であるという社会的通念をつくりあげた．いわゆる太く短くという考え方である．そのこと自体はもちろん望ましいことにちがいないが，しかし問屋を排除して，メーカーが多数の独立自営商に直接的に商品をおしこみ，いわゆる系列化によって流通経路の整備をおこなうことは，メーカーの市場支配力を強化するためならともかく，流通コストの削減という点ではかえって不経済となろう．

問屋の排除が流通コストの削減になるのは，小売商業が大規模小売企業を実現し，その仕入量がある一定の規模以上に大きくなった場合だけである．流通経路を短縮したからコストが下がるのではなく，企業の規模拡大＝仕入れの大量化・集中化・計画化の結果コストが下がるのである[15]．」

80年代に情報化時代への移行を背景に第二次流通革命があった．

第一次流通革命と環境が異なり工業化社会から情報化社会への移行期に発生した．情報化社会への技術的基盤をなすコンピュータは計算業務のみならず，各種業務の省力化，効率の目的に用いられ，これが情報技術として消費者ニーズをよりよく満足させた．

オンライン発注システムやPOSシステムなどに始まり，自動的に補充発注を行うEOS，ペーパーレスの受発注処理，納品指示，代金決済などを行うEDI（Electronic Data Interchange）システムが発達した．

このような流通関係の情報システムに次いで，生産と連繋したシステムや企業間を連繋したシステムの構築も進められた[16]．

要するに卸売業はEOSやEDIといった情報システムを具備していることが条件となり，こうしたシステムを有していない中小の卸売業者は淘汰されるようになったのである．

2000年代に入り，IT社会が注目されるようになったが，IT化によって流通構造が変動することが主張され，CtoC（Consumer to Consumer）の取引の増大も予測され再び中抜き論が浮上している．IT化が進むことにより卸売業が所有している情報が容易に取得できるようになるというものである．

この議論は，第三次産業革命とも呼ばれるネット革命により一段と真実味を増してきた．卸売業の存在価値の一つである生産者と小売業の情報格差の解消はネット革命により破壊されようとしている．消費者，小売業，生産者のいずれもインターネットという強力な武器で世界の情報を自由に手に入れることが可能になった．

ネット上のマーケットやオークションは，卸売業の情報格差解消機能を代行するものである．物流，リスク管理といった卸売業の中核機能もネットを活用した他産業に侵食されつつある．

ネット革命では様々なサービスを統合，提供することが可能になった．優れたロジスティクス企業はネットで受注し，高度化した物流や情報サービスでタイムリーな配送サービスを提供できる．

金融サービス業と提携し代金回収の仕組みを持てば卸売業のほとんどの機能を代替できる．有力なロジスティクス企業はネット革命に乗じて卸売業の競争相手となる．

医薬品，衣料，食品，日用雑貨などの分野の卸売業は，メーカー支配や押し付け，小売業のわがまま，業界ごとの古くからのしがらみなどに翻弄され，古

くて重い体質を引きずっており，情報化も遅れており，生産性は低い．他企業に狙われやすい状態になっている[17]．

こうしたネット革命をどのように克服するかということが，卸売業の生き残りの要因となっており，マーケティング戦略を立案する際の基本となる．卸売業のマーケティングは小売業に対するものと他の卸売業に対するものが対象となる．決め手は他の卸より優れたマーケティングが実現できるかである．

第7節　卸売業のマーケティング

1　一般論

多くの紙幅を割いて卸売業の総合知識を整理してきたが，これらは卸売業のマーケティングを理解する際の基礎知識となるものである．流通における卸売業の役割を認識しなければ，そうした戦略は考えられない．メーカーのマーケティングと小売業のマーケティングは文献が豊富であったり，消費生活のなかで身近に接する機会が多いので理解しやすいが，卸売業のマーケティングはその性格ゆえに基礎知識を整理することが前提となる．

卸売業界には，仕入れ担当者の経験や勘に依存して営業するような体質が長く存在し，マーケティング活動に対する評価は低い状態であった．こうした状態の背景には，マーケティング活動による効果の不明瞭さや不確実性が存在した[18]．

経験や勘に頼る営業は現代では通用しなくなりつつある．過去の経験が時系列に応用できれば参考になろうが，不規則な変動や例外が少なくない現状では定量的で客観的なデータにもとづくマーケティング戦略が不可欠となっている．こうしたデータを蓄積していけば，不明瞭な部分や不確実な部分は確実に減少する．

卸売業がマーケティング活動を進めるに際して問題となったのは資金や人材不足である．顧客である大手小売業の収益性は厳しい状況にあり，仕入れ価格や売れ残りリスクの要求は厳しいものとなっており，低水準の卸売業の利益は

一層圧迫されている．

　卸売業界の人材不足は業界のイメージによるところが少なくない．長時間勤務，重労働，低賃金というイメージが優秀な人材の確保に支障をきたしている一因となっている．マーケティング戦略を立案するためには優秀な人材が必要である．IT化を進め，優れた情報システムを構築するにしても，スキルを有する優秀な人材がいなければ対応できない．

　そうした人材を獲得するためには，組織改革を進め，CI（Corporate Identity）を導入してイメージアップを図ることも一考である．メーカーの提供する販売促進のみでは弱いので卸売業者の積極的なフォローが必要である．取引メーカーの製品の特徴を詳細に把握し，マーケティングを主体的に行う人材を育成しなければならない．

　大店法緩和によって，卸売業にも多大な影響がもたらされた．宮下正房氏の指摘が注目に値する．

- 中小小売店のシェアが低下し，結果として中小卸売業の停滞，廃業が進む．
- 大型店の一層の成長が有力卸売業を成長させ，それによって中小卸売業と有力卸売業の企業格差が拡大する．
- 卸売業同士の競争が激化し，地方進出や中小卸売業の吸収合併が進む．
- 価格志向型の新業態小売業が成長し，大型店同士の価格競争の激化によって，卸売業への取引条件等の要請が強まり，卸売業の収益性が悪化する．
- 大型店の一層の成長は，メーカーと大型店の直結ルートを促進させる可能性があり，一部の商品分野で卸売業が排除される可能性がある[19]．

　中小卸売業は中小小売店との取引が中心となるので中小小売店の低迷は死活問題となる．宮下氏の指摘のように卸売業は変動を続けたが，中小小売店に利益をもたらすマーケティングのありかたが，自分たちの生き残りの戦略となっている．

2 マーケティング戦略

メーカーのマーケティングと異なる部分があり，卸売業のマーケティングはその特異性が存在する．市場環境の把握が求められ，消費者の購買動向，とりわけ小売店頭での購買行動をつかむことが重要な課題となっている．

卸売業は仕入れ先の複数のメーカー，販売先である多数の小売業と取引関係を持っているので，その利点を生かしてメーカー及び取引先の小売業の現状や地域経済の動き，地域開発などの市場環境を分析し，そこから得た情報をメーカー，小売業の沿う方へ提供していくことが基本となる．そうした分析等にもとづくマーチャンダイジングやリテールサポートが求められている．

卸売業のマーケティングは，
・チャネル戦略
・マーチャンダイジング戦略
・リテールサポート戦略
・物流戦略

が基本となる．

・チャネル戦略

成長性が高い小売店と積極的に取引するということが戦略の中心となる．卸主宰のコンビニエンスストアの活用も含まれる．

・マーチャンダイジング戦略

卸売業者がマーチャンダイジングという用語を使う場合は，適切な商品を適切な時点と場所で，適切な量及び適切な価格で仕入れ，陳列するための計画活動を意味している．卸売業者はマーチャンダイジングを，商品仕入計画活動と考えている．

PB商品を開発するということもマーチャンダイジングとなる．アメリカの食品卸売業は，自社のPB商品の開発に積極的である．卸売業がPB商品を開発する意図は，

1　消費者がPB商品に注目している．
2　小売業者にとってPB商品は非常に競争力があり，高いマージンを保証

してくれる．
　3　PB商品は自社の売上に貢献する．
という理由である[20]．
　つまり小売店にとっても好都合の品揃えをするということであり，マーチャンダイジングの一貫となる．
　・リテールサポート戦略
　リテールサポートとは小売店支援のことである．ディーラーヘルプスとは異なるものである．
　医薬品卸のAではきめ細かいリテールサポートを進めていた．単品バラ発注の受け入れ，店舗リニューアル・新築，売れ筋・死に筋情報の提供，薬効別売上管理，販売促進，棚割，地区勉強会，商圏調査，実地棚卸，店舗診断，利益管理，情報誌の発行等といったきめ細かなリテールサポートを実施し，それを他の医薬品卸との差別化に活用した．
　こうしたリテールサポートを進めるためには，営業・物流拠点の最適配備，情報ネットワークの充実，物流センターの整備，顧客の業態別対応マニュアル，職能別の社員教育などが必要となる[21]．
　医薬品卸は薬価の引下げにより厳しい状況に追い込まれている．医療用医薬品から一般用医薬品の流通にも目を向けつつある．薬局・薬店も大店法緩和の影響により大型のドラッグストアが進出し，価格，品揃えで差をつけられつつある．リテールサポートを充実させることはお互いに利益をもたらすものとなり，生き残りに有益なものである．その実現のためにはかなりの準備が伴うものとなるのでコンサルティングができる実力を養成するなど社員教育に時間を費やさなければならない．
　薬局・薬店にしても地域に関する多くの情報を欲している．生き残りのためにはヘルスコンサルタントとしての性格が強まっているが，医薬品の最新情報を入手するのは独力では困難である．
　・物流戦略
　物流戦略は，物流システムの整備とローコスト物流が中心となる．ローコス

ト物流が目指すものは，単なるコストダウンにとどまらず，事業領域の変更，卸同士や異業種の提携，経営構造の再構築など経営の枠組み全体の革新が伴うものである．物流の生産性を引上げるためにはローコスト物流の思想が重要となる[22]．

　卸売業の特徴は商流と物流を一本化できるということである．つまり物流機能の強化が差別化の柱になる．

　日本の流通市場のような問屋機能が存在しない国で零細業者が小売業に参入するためには，メーカーとの個別交渉に伴うコスト，物流機能を自前で整備するコスト，そして時には在庫投資に伴う運転資金を自分で用意するコストが必要になる．これらのコストを上げただけでも問屋機能がない国での小売業界の参入障壁のコストは非常に大きい．交渉のノウハウ，物流や在庫に関するノウハウを考えると部外者が小売市場に参入するのは難しい．

　日本のような問屋機能が充実している国で小売業を始める場合，数社の問屋と取引するだけである程度の品揃えは実現する．しかも日本の問屋の多くは物流機能を有しており各店舗まで商品を運んでくれる．このため小売業が自分で物流機能への投資をする必要がない[23]．

　サプライチェーンが提唱されているが，そこにも卸売業の物流が関与している．

　卸売業が小口配送拠点を活用して低コスト物流を実現すれば，それを武器に小売りの物流業務を肩代わりできる．小売りの本部機能の一部を引き受け，品揃えにも関与することが可能であり，そうなれば小売業にとって不可欠な存在になる．

　川上のメーカーからも物流，販売計画などを受託できる．多様なメーカー，多様な商品，多様な店舗の連結体として様々な機能を代行できれば，卸売業の存在は将来も不可欠なものとなるだろう．そのためには商品のフルライン化，トータル物流システムの構築，高度情報システムへの投資などが必要だ[24]．

3 事例研究

A社は，自社開発の物流システムとPB商品を武器に菓子部門の棚卸支援を行う菓子専業卸である．同社が小売店の支援を獲得している理由は，菓子部門というニッチ部門に対し，粗利が確保できるような小売支援を行ったことにある．

同社は菓子卸の共同仕入，商品開発グループを結成，物流コストを引下げる一方でPB商品の開発に着手した．PB商品は企画提案者自らが価格や流通ルートの設定を行うためNB商品よりも低コストでの取引が可能となり，利益率の向上につながり，NB商品の取引に偏りがちな既存卸売業に対して優位性を保つことになる．また徹底的なコスト削減意識から，未納品があると自動FAXでメーカーに問い合わせる自社開発の物流システムを稼動した．

大手スーパーにおいて，通常菓子はあくまで関連購入品でしかない．また商品メンテナンスが困難であるので，菓子部門は粗利益高が相対的に低い．同社は大手スーパーが今まで手をつけなかった菓子部門の粗利を生むような棚割りを小売店に提案している．同社では取り扱い商品について一品ずつ仕入原価，棚に係るコスト，利益等を電算管理しているが，それに各小売店での販売個数の時系列データを組み合わせ，各個店ごと，各商品ごとの粗利益を算出している．また，どの商品をどこに配置すれば最も効率的かを得意先小売店で仮説実験する等，ノウハウの蓄積を行った．この小売支援により，取引先小売店の菓子部門における粗利益率が向上したことで小売店の支持を獲得することに成功した[25]．

中小企業白書に紹介されているこの菓子専業卸は従業員189人，資本金2,000万円で大規模卸とはいえないが，前述のようなマーケティング戦略により小売店の支持を獲得している．大手スーパーが取り組もうとしなかった菓子部門の粗利益確保というニッチ（隙間）に着目し，それに焦点を合わせた活動を進めている．

PB商品の開発，自社開発の物流システムの稼動，きめ細かい得意先支援と理想的なマーケティング活動を進めていることが把握できる．

決め手はそうしたことを遂行できる人材を養成できるかである．計数管理は専門知識が必要でありそうした素養と教育を受けた人材の採用が必要となる．

小売店支援は，大型店との競争により難しい問題を抱えた中小小売店にとっては生き残りの柱となっている．卸売業の小売店支援が不可欠の中小小売店が少なくない．客動線による商品配置の指導や店内の照明の強弱などのアドバイスにより，少しでも経営改善につながる支援が求められている．

4　環境マーケティングへの対応

環境マーケティングへの対応が卸売業者の社会的責任となっているが，特に物流システムの整備がこの問題に関わってくる．大規模な物流センターになるとトラックの騒音や排気ガスがかなりのものとなり周辺地域への環境問題に大きな影響をもたらす．深夜便は減速し騒音を減らすなどの工夫が強く望まれている．

第8節　おわりに

最新の1999年の商業統計によれば，我が国の卸売業全体の商店数は，426,000店であり，年間販売額は479兆円である．これを1991年の統計と比較するとそれぞれ19.6％，24.2％の減少となっており，小売業の減少率18.2％，4.5％と比較すると卸売業のほうが小売業と比較してより厳しい競争環境のもとで再編・淘汰が進んでいると判断できる．こうした数字を見ると，流通革命の進展の結果，卸売業の中抜きが急速に進行しているように見えるが，「ある産業セクターにおいて企業再編・淘汰が進展すること」と「その産業が持つ特性・価値が失われること」は同値ではない．経営努力を怠った企業は，大手であれ中小であれ自身の価値を下げることになるが，卸売セクターについては代表的な大手企業の場合，他社との企業間提携を深め，ITなども活用しつつ物流機能などの卸売機能を高度化させ，流通機構全体の中で中を抜かせないばかりか，その役割の重要性を高めている[26]．

どこの業界でも経営努力を怠っている企業は淘汰されるが，再編・淘汰が進むことと，その業界が意味をなさないということは同義ではない．持ち味である物流機能などのマーケティング戦略で差別化を図れば飛躍の余地は十分にある．そのためには従業員の教育が重要である．販売士2級，3級の取得を義務付けて小売業のリテールサポートに活用するなどやるべきことは多数ある．

卸売業はメーカーのマーケティング情報の他に独自に市場環境を把握し，それにもとづくマーチャンダイジングやリテールサポート活動を進めなければならない．取引メーカーの選定や重点小売店を選定し，マーケティングの主導権を握るパワーが求められている[27]．

1) 宮下正房『現代の卸売業』日経文庫，日本経済新聞社，1992年，pp. 15-16.
2) 久保村隆祐・荒川祐吉編『商業辞典』同文舘，1982年，pp. 21-22.
3) 宮下正房『前掲書』pp. 51-53.
4) 宮下正房「合併等による競争力強化・二十一世紀に生き残る道」『挑戦する卸売業』宮下正房／流通経済研究所編，日本経済新聞社，p. 239.
5) 工藤正敏「卸売環境と加工食品卸売業の基本戦略」『流通ビジネスモデル　経営革新と情報システム』宮下淳　箸本健二編著，中央経済社，2002年，pp. 62-63.
6) 及川良治「マーケティング経路と物的流通」『マーケティング通論』及川良治編著，中央大学出版部，1992年，pp. 173-175.
7) 工藤「前掲論文」pp. 64-65.
8) 山田谷勝善「卸の逆襲，リテールサポート戦略」『「流通業」デジタル情報ネットワーク』水尾順一編著，産能大学出版部，1998年，pp. 71-73.
9) 『中小企業白書2001年版』中小企業庁編，2001年，pp. 100-102.
10) 『中小企業白書2001年版』p. 104.
11) 石井幸造「流通系列化が進展する」『「流通業」デジタル情報ネットワーク』水尾順一編著，産能大学出版部，1998年，p. 203.
12) 通商産業省中小企業庁取引流通課編『平成8年卸売業の現状と課題―流通構造変革期における卸売業の在り方―』財団法人通商産業調査会出版部，1996年，p. 13.
13) 林周二『流通革命』中公新書，中央公論社，1966年，pp. 170-171.
14) 林周二『流通革命新論』中公新書，中央公論社，1972年，p. ix.
15) 佐藤肇『流通産業革命』有斐閣，1974年，p. 260.
16) 久保村隆祐「離陸期にはいった第二次流通革命―流通リストラと規制緩和進展」『第二次流通革命21世紀への課題』久保村隆祐　流通問題研究会編，1996

年，p.2.
17) 『日経流通新聞』 2000年5月23日.
18) 通商産業省中小企業庁取引流通課中小卸売業関係団体懇談会編『平成4年卸売業の現状と課題―流通新時代に期待される新たな役割―』財団法人通商産業調査会，1992年，p.260.
19) 宮下正房『現代の卸売業』日経文庫，日本経済新聞社，1992年，p.179.
20) 木下安司「卸売業の成長戦略」『ニューホールセラーの挑戦』臼井英彰・木下安司編，ビジネス社，1995年，p.86.
21) 島瀬隆「逆風下の薬小売店を活性化ノウハウで支える」『商業界通巻551号』商業界，1992年7月，p.72，74.
22) 机信由「ローコスト物流への挑戦」『ニューホールセラーへの挑戦』p.231.
23) 松岡真弘『問屋と商社が復活する日』日経BP社，2002年，p.82.
24) 『日経流通新聞』 2000年5月23日.
25) 『中小企業白書 2001年版』 p.104.
26) 松岡真弘『前掲書』 pp.239-240.
27) 小林隆一『流通の基本』日経文庫，日本経済新聞社，2002年，pp.110-111.

(2002年6月　脱稿)

第 10 章

小売マーケティング

　この章では，第1に小売マーケティングの概念を明確にするために，小売マーケティングの主体となる小売業者の機能を示す．第2に小売業者のマーケティングのプロセスを示し，プロセスを構成する各段階について述べていく．

第1節　小売マーケティングとは

1　小売産業の成長と小売マーケティングの確立

　従来のマーケティング研究は主に製造業者の観点から研究されてきた．そのため，流通チャネルはあくまでも製品，価格，プロモーションとともに，マーケティング・ミックスの従属要因として捉えられ，小売業者も流通チャネルを構成する要素として捉えられる存在にすぎなかった[1]．

　しかし，小売業態の開発や小売技術の革新は小売業者を大規模化させ，世界的製造メーカーと対等な交渉力を有する世界的小売業者を誕生させた．世界的小売業者の代表的存在であるウォルマート，カルフールは自社でプライベート・ブランドを開発すると同時に，多国籍ナショナル・ブランド・メーカーとの戦略的な提携を推進してきた．

　日本国内においても，ダイエーやイトーヨーカドーやイオンといった総合

スーパーがコンビニエンスストア，ディスカウントストア，百貨店などさまざまな小売業態を展開し，大規模な小売グループを形成し，こうした大規模小売業者は大規模メーカーと対等の関係を構築するに至っている．

こうした小売業者のマーケティング・プロセスにおける相対的な影響力の拡大は小売業者をマーケティングの主体とするマーケティング研究を促進し，この領域は「小売マーケティング」としてマーケティングの一領域を確立しつつある．

2　小売業者の機能

小売マーケティングの概念を明確にするためには，その主体である小売業者が果たしている具体的な機能を明確にする必要がある．小売業者は流通機構の主要な構成員として流通機能を分担しており，小売業者の分担する機能は主に3つに分類することができる（図10-1参照）．

第1は所有権移転機能であり，具体的な活動は①品揃えの選択，②仕入先の選択，③商品の発注，④仕入代金の支払い，⑤販売価格の決定，⑥販売代金の受け取りなどである．

図10-1　小売業において営まれる流通機能と諸活動

①所有権移転機能に関する諸活動 　具体的活動：品揃えの選択，仕入先の選択，商品の発注，仕入代金の支払い，販売価格の決定，販売代金の受け取り
②物流機能に関する諸活動 　具体的活動：荷受，保管・店舗内外の移動，値札付け，陳列，配達，包装，流通加工
③情報伝達機能に関する諸活動 　具体的活動：販売促進，消費者調査，仕入商品に関する情報収集，消費者に対する情報の伝達

（出所）鈴木安昭『新・流通と商業』日本経済新聞社，1993年，127-131ページの内容に基づいて筆者が作成．

第2は物流機能であり，具体的な活動は①荷受，②保管・店舗内外の移動，③値札付け，④陳列，⑤配達，⑥包装，⑦流通加工である．
　第3は情報伝達機能であり，具体的な活動は①販売促進，②消費者調査，③仕入商品に関する情報収集，④消費者に対する情報の伝達である[2]．

第2節　小売マーケティングのプロセス

1　小売マーケティングのプロセス

　一般に，マーケティングは以下のプロセスを経て行なわれる．第1に経営理念を明確にし，その経営理念に基づいた企業目的を設定する．第2に上記の目的を達成するために，マーケティング環境を分析する．第3に環境分析に基づいて市場を細分化し，標的市場を決定する．第4に標的市場に最適なマーケティング・ミックスを行なう．

　既述のように，小売マーケティングは従来のマーケティングと主体が異なるので，マーケティング・プロセスを構成する各段階の内容は異なる部分も多い．しかし，マーケティング・プロセスの枠組みに関しては，小売マーケティングも従来のマーケティングと同一であり，このプロセスを利用でき，以下のように示すことができる（図10-2参照）．

図10-2　小売マーケティングのプロセス

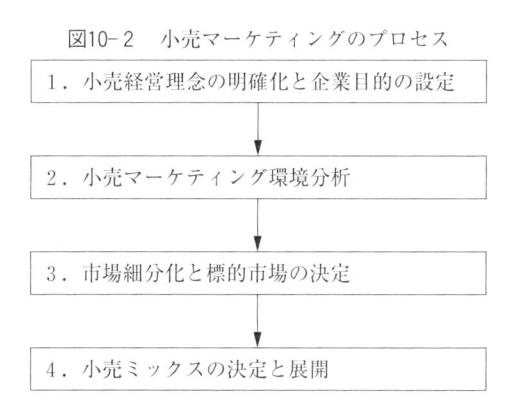

1．小売経営理念の明確化と企業目的の設定
　↓
2．小売マーケティング環境分析
　↓
3．市場細分化と標的市場の決定
　↓
4．小売ミックスの決定と展開

2 小売業者の経営理念の明確化と企業目的の設定

(1) 小売業者の経営理念の明確化

「小売」という概念は語源からみると小口取扱いを意味し，少量ずつ販売することを意味する．しかし，小売業者という場合は一般に産業分類上の小売業者を指し，小売を行う事業者のうち，消費者に対して消費財を販売する事業者のみを指す．したがって，小口取扱いを行う事業者でも生産財を取扱ったり，消費者へ直接販売を行なわない事業者は小売業者とは呼ばないのが一般的である[3]．こうした小売業者の特徴はその経営理念にも反映され，メーカーに対して相対的に強く消費者を意識したものとなる．

そして，小売業者の経営理念は小売業者の機能や上記の特徴に基づいて検討すると，消費者の購買代理人として消費者ニーズを充足させるということになり，多様な消費者ニーズに対応するために，小売業者は絶えず努力することで経営的な成功を収めることができるのである．

(2) 小売業者の企業目的の設定

企業目的は企業活動の成果を示す尺度として有用であり，その内容は現実的かつ数量的に把握でき，一貫性をもったものでなくてはならない．図10-3はレウィンソン（Dale M. Lewinson）とデロジィエ（M. Wayne Delozier）の示した小売業者の目的の類型である[4]．

それらの中には，矛盾したものがある．衣類のバーゲンを例にとると，これは短期的な売上高の増加のためには効果的であり，来店客数増加にもつながるので，上記の経営目的の一部を達成するための手段としてふさわしい．しかし，闇雲なバーゲンの実施は収益を圧迫し，店舗イメージにもマイナスであり，上記の経営目的の一部を達成することを妨げることになる．

この場合，こうした企業目的のプラス面とマイナス面をよく考慮し，長期的にバランスをとる必要がある．例えば，小売業者が短期的な売上高の増加を経営目的とするなら，バーゲンを他者より早めに行ない，売上高を増加させるべきである．また，小売業者が顧客忠誠度の向上を経営目的とするなら，顧客忠誠度が高い顧客のみを対象としたバーゲンを行なうべきである．

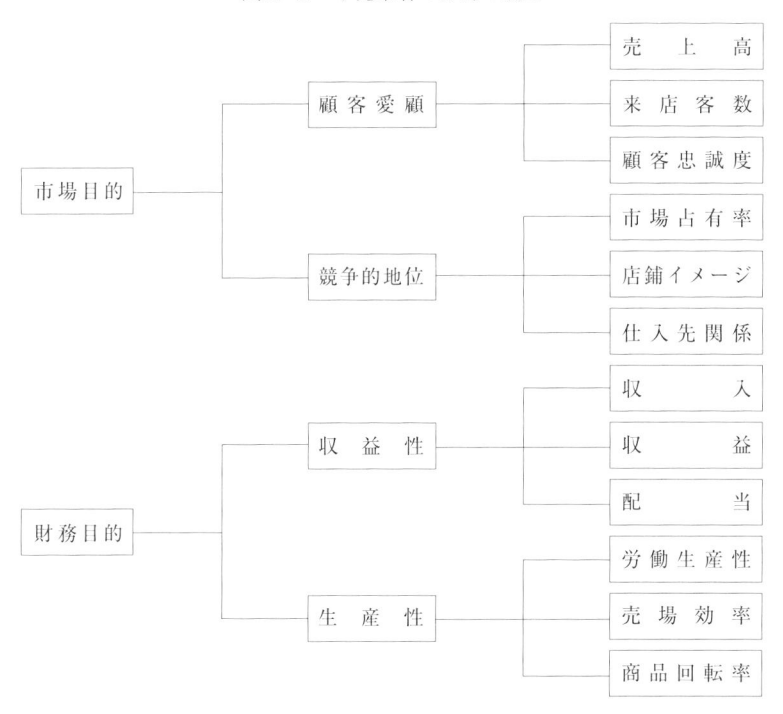

図10-3　小売業者の目的の類型

```
                    ┌─ 売　上　高
           ┌ 顧客愛顧 ┼─ 来店客数
           │         └─ 顧客忠誠度
市場目的 ─┤
           │         ┌─ 市場占有率
           └ 競争的地位 ┼─ 店舗イメージ
                    └─ 仕入先関係

                    ┌─ 収　　　入
           ┌ 収益性 ┼─ 収　　　益
           │         └─ 配　　　当
財務目的 ─┤
           │         ┌─ 労働生産性
           └ 生産性 ┼─ 売場効率
                    └─ 商品回転率
```

（出所）Dale M. Lewison and M. Wayne Delozier, *Retailing (Second edition)*, Merrill Publishing Company, 1986, p. 41.

このように，これらの目的は同時に達成されるものではなく，小売業者ごとに大きく異なる．しかし，この経営目的に基づいて戦略が策定されるので，経営目的は一貫性をもって選択されなければならない．

また，小売業者は地域社会との結びつきが強いので，地域社会の構成員，企業市民としての社会的責任を果すということも企業の経営目的とされる[5]．特に，環境問題への取り組みは重要な社会的責任として重視されつつあり，小売業者が環境問題の解決に主導的な役割を果たすことが求められつつある．

3 小売マーケティング環境分析

小売マーケティング環境はマクロ環境と業務環境に分類できる．マクロ環境は経済要因，技術要因，人口統計要因，文化要因，自然要因，政治要因などに分けられる．経済要因は1人当たりGDP，GDP成長率，所得分布など，技術要因は技術開発費，技術的変化を吸収する能力など，人口統計要因は人口，人口増加率，都市人口比率，人口密度など，文化要因は言葉，宗教，人種など，自然要因は地形，温度，湿度など，政治要因は政治システム，政権交代の頻度などで示される．そして，マクロ環境は原則的には小売業者の管理を越えたものであるので，小売業者は各要因の重要性とその小売業者の特性及び経営資源を考慮して適応していく必要がある[6]．

業務環境は競争業者，消費者などから構成され，競争業者は「水平的競争」，「異業態間競争」，「垂直的競争」，「垂直的マーケティング・システム間競争」という各競争形態[7]ごとに異なり，その中には小売業者，卸売業者及び製造業者が含まれる．

4 小売業者の市場細分化と標的市場の決定

小売業者は消費者に消費財を提供することを通じて消費者ニーズを充足することを目的としている．現代の消費者は異なるニーズを持ち，異なった行動をとり，そうした消費者の集合体は「異質的市場」といえる．小売業者が異質的市場に対するマーケティング計画を策定するためには，上記の環境分析に基づいて，市場細分化を行ない，標的顧客を決定する必要がある[8]．

小売業者の置かれている環境は異なるので，全ての小売業者に受託される普遍的な標的市場の決定は存在しないが，典型的なものとしては以下のものがあげられる（図10-4参照）[9]．図10-4に示した9つの段階は相互関連的なものであり，各段階の結果は次の段階に影響を与える[10]．

5 小売ミックスの決定と展開

小売業者は上記の手順を経て標的市場を決定すると，立地，商品，価格，プ

図10-4 市場細分化の機会分析モデル

標 的 市 場	
購買者行動	市場細分化

消費者行動分析 → 細分化市場

1. 細分化のための変数確認
2. 細分化市場のプロフィール
3. 細分化市場の潜在需要の予測
4. 細分化市場における競争状況分析
5. 細分化市場に可能な小売ミックスの決定
6. 細分化市場の市場占有率の予測
7. 細分化市場における販売費の推定
8. 小売目的に対する各細分化市場の分析
9. 標的市場としての細分化市場の選定

(出所) Danny R. Arnold, Louis M. Capella, Garry D. Smith, *Strategic Retail Management*, Addison-Wesley, 1983, p. 213.

ロモーションから構成される小売ミックス[11]を決定し,展開する.以下では各戦略を決定するにあたり,重要な点に関して述べていく.

(1) 立地戦略

① 商圏分析の重要性

立地戦略は小売業者が事業を展開する上で最重要な戦略の1つである．というのは，商業施設は一度立地を決定すればその後の変更はコスト上非常に困難であるからである．

また，既存の商業施設にしても既述のさまざまな環境要因が変化することで当初良かった立地が悪くなるケースは多く，立地における競争優位を獲得し，維持していくために，小売商圏分析研究がなされてきた[12]．

山中は商圏分析研究を4つに類型化しているが[13]，その4類型の中でも最も多くの研究成果を有するのが小売引力モデルに関する研究である．

② 小売引力モデル

小売引力モデルはライリー（William J. Reiley）に始まり，コンバース（Paul. D. Converse）の研究[14]を経て，ハフ（David L. Huff）のモデル[15]へ発展し，その後多くの研究者によって修正がなされてきている[16]．以下では，ライリー，コンバース及びハフの研究に関して述べていく．

ライリーは1929年に米国における実態調査に基づいて，小売引力の法則を発表した．この法則は以下の内容を含む．第1は小売販売額は人口の少ない都市から人口の多い都市へ流出するということである．第2はA都市とB都市の中間に位置する市町村から両都市が吸引する小売販売額の比率は，A都市とB都市との人口比に比例し，中間の市町村からの距離に反比例するということである．ライリーは実態調査に基づき，人口によるパラメーターを1，距離のパラメーターを2とし，以下のような数式で示した．

$$\frac{B_a}{B_b} = \left(\frac{P_a}{P_b}\right)\left(\frac{D_b}{D_a}\right)^2$$

B_a＝中間都市から都市Aに吸引される小売販売の比率
B_b＝中間都市から都市Aに吸引される小売販売の比率
P_a＝都市Aの人口
P_b＝都市Bの人口
D_a＝中間都市から都市Aまでの距離

D_b = 中間都市から都市Bまでの距離

コンバースはライリーの小売引力の法則の第1公式に基づいて，A都市とB都市との小売販売額の分岐点となる中間地点の距離を求めるための小売引力の法則の第2公式を以下のように示した[17]．

$$D_b = \frac{D_{ab}}{1 + \sqrt{\frac{P_a}{P_b}}}$$

D_b = 都市Bから都市Aと都市Bの間の分岐点との距離

D_{ab} = 都市Aから都市Bまでの距離

P_a = 都市Aの人口

P_b = 都市Bの人口

ハフはライリーやコンバースが都市間の問題を取り扱ったのに対して，都市内の商圏の問題を取り扱い，商業施設の規模や商業施設までの所要時間を指標とした以下のモデルを定式化している．

$$P_{ij} = \frac{\frac{S_j}{T_{ij}^\lambda}}{\sum_{j=1}^{n} \frac{S_j}{T_{ij}^\lambda}}$$

P_{ij} = 消費者が起点 i から商業施設 j に出向確率

S_j = 商業施設 j の規模（特定の財の売場面積）

T_{ij} = 消費者の起点 i から商業施設 j までの所要時間

λ = さまざまな種類の買い物に関する時間距離の影響パラメーター

ハフは消費者の特定商業集積に対する出向確率は，商業集積の売場面積に比例し，商業集積までの所要時間に反比例することを示した．

ハフモデルは現在までに多くの研究においてその修正と拡張が行なわれ，わが国においては大規模小売店舗法の調整手段に利用されたり，都市計画に広く利用されている．

③　情報化の進展と立地戦略への影響

情報化の進展は特にVAN，EOS，POSなどによりマーチャンダイジングへ

の影響が強いといわれるが，立地戦略においても大きな影響を及ぼしている．その代表的な事例が地理情報システム（GIS）の導入[18]とインターネットによる電子商取引である．

GISは企業独自のデータと地図情報，統計情報といったデータを組み合わせて分析するシステムである．このシステムの特徴は，地図上に人口や世帯数あるいは自社の売上高等をエリア別に色分けし，面で表示し，その上に道路，鉄道，河川等を線で表示する．さらに自社販売拠点や競合店，あるいは学校や病院，駅といった施設を点で表示してくれることにある．そして，表示のみにとどまらず，見たいエリアや線や点を任意にクリックすると，それぞれに収録されている属性情報を瞬時に画面上に呼び出してくれるというものである[19], [20]．

商圏分析は上記の商圏分析理論の研究と同時に，類似ケースを自社独自に分析する方法が実際には行なわれてきた[21]．こうした分析にはこれまで非常に膨大なコストと時間がかかっていたが，このシステムの導入より，非常に安価で迅速な商圏分析を可能にし，その結果，積極的な多店舗展開が可能になったのである．

また，インターネットによる電子商取引は商圏範囲を越える相手への販売を可能にし，商圏の考え方を変える可能性を持っている．電子商取引は日本においてはその規模は小さく，セキュリティの問題など多くの問題をはらんでいるが，今後インターネットへの接続人口が拡大していくにつれて，拡大していくとみられる．

こうした立地戦略の変化の動きは取扱い商品や経営システムにおいて競争優位を確保している企業が多店舗展開や商圏を越えた販売を行なうことを容易にし，競争のスピードを加速させる．その結果，一部の優良企業が一人勝ちするという傾向が強くなるとみられる．

(2) 商品戦略
① 小売業者のマーチャンダイジング
小売業者の商品戦略は製造業者のマーケティング・ミックス要素のうちのプ

ロダクト（製品戦略）に対応しており，製造業者の製品戦略に比べて，非常に広範な内容を含んでいる独自の分野であり，マーチャンダイジングと呼ばれてきた．

マーチャンダイジングが広範な内容を含んでいるといえる理由は2つあげられる．第1は顧客が特定の商業集積を選択する動機が各店舗の取扱い商品だけではなく，その店舗の位置的な利便性などに起因するからである．第2は特定の商業集積の中で特定の店舗を選択する動機は品揃えの幅と奥行き，商品全体の価格帯，販売方法，店舗のレイアウト，販売員のサービスの質，店の雰囲気，信頼性，店舗のイメージなど非常に多様な要因に起因するからである．

そして，上記で示された商業集積や店舗を選択する多くの要因は全体として小売パッケージとして把握することができ，商品自体という有形の部分を除けば小売業者が生産する無形の商品といえる．

米国マーケティング協会はマーチャンダイジングを「特定の商品やサービスを，企業のマーケティング目的を最も適切に実現する場所，時期，価格，及び数量でマーケティングすることに関する計画と監督」としている[22]．

小売パッケージが小売業者が提供する特定の商品やサービスのことを意味し，小売業者のマーケティング目的が消費者に商品を販売することであるとすれば，小売業者のマーチャンダイジングは消費者に商品を販売するために最適な小売パッケージを計画し，監督することであるといえるのである．

② マーチャンダイジング・プロセス

小売業者のマーチャンダイジングのプロセスを整理すると，以下のようになる[23]．図10-5が示すように，第1は需要予測に基づく商品計画であり，既述の環境分析によって獲得した情報を踏まえて長期短期の商品計画を行なう．第2は商品予算の編成であり，上記の商品計画に基づいて商品予算が決定される．第3は商品計画に基づいた具体的な商品の品揃えであり，小売業者は商品の幅（商品群の数）と商品の深さ（商品群の中のアイテム数）の組み合わせを決定する．第4は仕入れであり，仕入業者の選定や仕入業者との交渉を含む．第5は商品管理であり，商品の具体的な移動，店舗での陳列，在庫管理などが

図10-5　小売業者のマーチャンダイジングのプロセス

```
┌─────────────────────────┐
│ 1．需要予測に基づく商品計画 │
└─────────────────────────┘
            ↓
┌─────────────────────────┐
│ 2．商品予算の編成          │
└─────────────────────────┘
            ↓
┌─────────────────────────┐
│ 3．商品の品揃えの幅と深さの決定 │
└─────────────────────────┘
            ↓
┌─────────────────────────┐
│ 4．仕入れの実行           │
└─────────────────────────┘
            ↓
┌─────────────────────────┐
│ 5．商品管理              │
└─────────────────────────┘
```

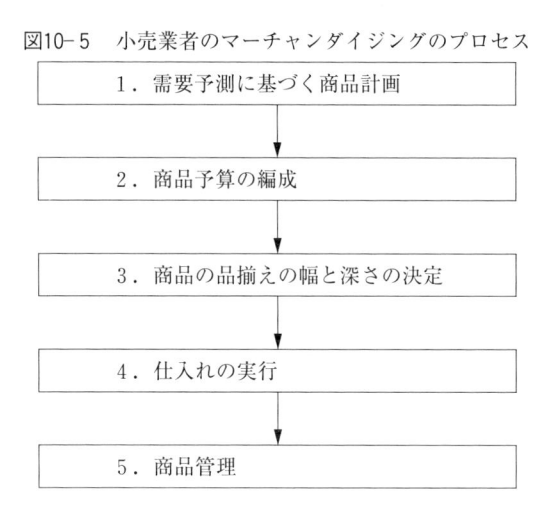

含まれる．

③商品販売のための小売業者独自の取り組みの重要性

　小売業者が消費者に提供する小売パッケージは商品の品揃えとそれに付随するサービスに分類できるが，上記のマーチャンダイジングは主に小売パッケージの中でも商品の品揃えの部分を重視している．

　しかし，多くの商品分野で成熟化が進み，供給過剰な状態が継続している状況においては，付随するサービスの部分の重要性が高まっている．日本では，徹底したコスト削減を標榜した価格破壊の名のもとでの価格競争の時代を経て，適正な価格での高水準の小売パッケージの提供による競争の時代が到来している．

　具体的には，店舗の雰囲気やイメージ，店舗の商品提供方法ならびにアフターサービスなどが含まれる．店舗の雰囲気やイメージを重視した小売業者の事例はアパレルや雑貨を取扱う小売業者が店舗に併設するカフェなどにみられる．店舗の商品提供方法を重視した小売業者の事例は大規模書店にみられるいすの提供や閲覧スペースの提供にみられる．アフターサービスの事例は家電量販店の小売業者独自の保証制度，アパレルやめがね専門店にみられる商品の無料手直しや無料加工などにみられる．

上記の事例は小売業者独自の新たな取り組みの一部であり，こうした事例は数限りなく存在し，小売業者独自の取り組みがますます重視されていくとみられる．

(3) 価格戦略[24]

① 小売業者の価格設定方法の特徴

小売業者の価格設定法はメーカーのそれとは大きな差異がある．この相違について明確に言及したのがラッチマン（David. J. Rachman）である．彼の主張によると，メーカーと小売業者の価格設定に関する相違は以下のとおりである[25]．

第1は価格設定の方法自体の相違である．メーカーは全ての製品に対して一定の利益を期待して，原価計算に基づいて各製品ごとに価格設定を行なう．それに対して，小売業者は全体として利益をあげればよいので，複数製品を考慮して，総合的に価格設定を行ない，一部の商品に関しては目玉商品という形で利益が出ない価格設定も行なっている．

第2は地域に関する価格設定の方針の相違である．メーカーは一般に全国的に単一価格を設定しようとする．原価が同じ商品なら同一価格で販売しようとするのである．小売業者は地域ごとの動向に敏感になり，地域ごとに価格修正を行ない，複数価格を設定する．

第3はプライシングの決定権の相違である．メーカーの価格決定はトップマネジメントの決定事項である．というのは，原材料の輸入や大量生産などの関係から一度決定した価格は容易に変更できないからである．それに対して，小売業者の価格決定はより現場に近いレベルのバイヤーの決定事項となる．というのは，市場の変化により敏感に対応する必要があるからである[26]．

上記の相違の検討から，小売業者の価格設定がメーカーに比べてより弾力的であることがわかる．そして，小売業者は市場により敏感に対応した価格設定方法を利用することで，店舗全体として長期的に利益をあげてきた．以下では，小売業者が利用する代表的な価格設定方法について示していく．

② 小売業者の価格設定方法

a．端数価格設定

この方法は198円というように端数を残すことによって顧客に割安感をアピールしたり，心理的な抵抗感を和らげる方法である．そして，この価格設定は消費者が無意識のうちに抱く「大台」イメージから桁落ちによる「大台割れ」効果や区切りのいい数字からの「台割れ」効果を意識的に狙った方法である．

b．ワンコイン価格設定

この方法はコイン1枚で買える値段に商品を価格設定することによって，割安感と買い易さをアピールする方法である．この方法は当初自動販売機において採用されてきたが，近年では百円ショップがこの価格設定方法を前面に打ち出した小売業態として注目されている．

c．名声価格設定

ある商品を所有することを通じて他の人に対して優越感を抱くといった商品がある．高級外国車やデザイナーズブランドの商品が該当するが，これらの商品はあえて高い価格（名声価格）の設定がなされる．そして，名声価格設定はステータスシンボルとしての利用価値を生むのである．

d．慣習価格設定

市場に定着した価格が設定され，値頃感が形成された商品に関して，値頃感に合致した一定のプライス・ゾーンの中で価格設定を行なう方法である．この価格設定を行なう商品はこのプライス・ゾーンを逸脱すると現実に大幅に売上が減少する[27]．

e．マルチプル・プライシング

大量に買うほど安く価格を設定する方法である．例えば，1個50円のりんごを5個で200円にすることで消費者に割安感をアピールし，購買を促進できる．

f．目玉商品の設定

一部の商品を非常に安く価格設定することにより，集客を行なうための価格設定である．小売業者は目玉商品では損をしても，それを販売することで店全体の安いというイメージを消費者に宣伝することができる．

しかし，最近では目玉商品を利用するのを止め，EDLP（エブリデーロープ

ライス）を掲げ，チラシの経費などを削減し，店全体の商品を常に安く販売する戦略をとる小売業者も増えている．

⑷　プロモーション戦略

①　小売業者のプロモーション戦略の特徴

プロモーションは広告活動，人的販売，狭義の販売促進で構成される．上記の活動のうち，小売業者のプロモーション活動は製造業者に比べて小規模であり，広告などの非人的提示のウエイトが低く[28]，人的販売や狭義の販売促進が消費者に直接的に接触し，販売を行なう小売活動の特徴から，そのウエイトが高い．

②　小売業者の広告

既述のように，大規模化した小売業者はメーカーが行なうのと同様に4大媒体を利用した広告も行なう．しかし，4大媒体を利用した広告に関しては技術的にも製造業者の手法を借用し利用している．

それに対して，小売業者は人的販売や狭義の販売促進にウエイトをおいているのと同じ理由で，チラシ広告を重視している．チラシ広告は4大媒体を利用した広告と異なり，該当店舗の標的地域に限定的に行なわれるという点に特徴がある．チラシ広告は配布方法によって，新聞の折込チラシ，自社で独自に標的顧客の自宅のポストにチラシを配布して回るポスティング，店頭配布，街頭配布，ダイレクトメールなどに分類できる．

チラシ広告は直接的に特定商品を販売するための手段として利用されることが一般的であったが，その役割も多様になりつつある．近年では，小売業者がチラシ広告にさまざまな地域情報を盛り込んだり，その店の取扱い商品の製造工程や管理方法に関する詳しい情報を示したり，その商品の利用方法の提案を示すなど，チラシ広告を店のイメージや方針を示すメディアとしても利用するようになっている．

③　人的販売

小売業者の人的販売は店員と見込顧客との人的接触を通じて，口頭による情報提供と購買の説得を行なう活動を意味している．店員の接客態度や接客サー

ビスの質が直接的に売上を左右したり，その店舗のイメージを形成してしまうので，店員に対する教育・訓練・指導を徹底的に行なうことが非常に重要となる[29]．

④ 狭義の販売促進

小売業者の狭義の販売促進は販売促進活動全体の効果を高めることを目的として行なわれる各種の活動のことであり，具体的には，ディスプレイ，レイアウト，催事などで構成される．

ディスプレイとレイアウトは小売業者と消費者の直接対面する接点である店舗のイメージを形成する．そして，ディスプレイは設置場所によって以下のように分類することができる．

第1は天井からぶら下げるシーリング・ディスプレイであり，具体的には大売出しの垂れ幕などがあげられる．第2は壁面を利用したウォール・ディスプレイであり，壁に貼られたポスターやパネルがあげられる．第3は陳列棚を利用したシェルフ・ディスプレイであり，その陳列棚の商品を目立たせるような仕掛けなどがあげられる．第4はショーケースなどを利用したカウンター・ディスプレイであり，ショーケースに入った商品を目立たせるような仕掛けなどがあげられる．第5は床に設置するフロア・ディスプレイであり，フロアにおいて光るライトなどがあげられる．第6はショーウインドーを利用したショーウインド・ディスプレイであり，百貨店や高級専門店などの店舗のイメージ作りのためには欠かせないものとなっている．第7はショーケース・ディスプレイであり，ショーケースの中に光を当てて店の統一的なイメージを作るなどの手法がとられる[30]．

レイアウトは経営方針，立地条件，店舗面積及び店舗形態によって千差万別であり，パターン化することはできないが，図10-6で示される4つの基本型とそれを2つ以上組み合わせた混合型が代表的なものである[31]．

催事は特に百貨店などの大型小売店にとっては年間売上に大きく左右している．催事は商品催事と文化催事に分けられ，商品催事は一般にバーゲンと呼ばれる価格訴求型催事とニューファッションやニューモードを紹介する展示会な

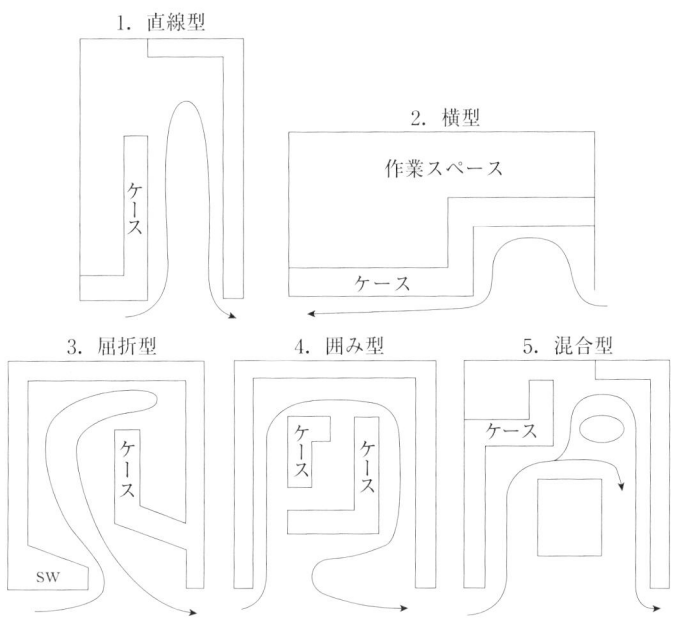

図10-6　平面レイアウトの基本型

1. 直線型　　2. 横型
3. 屈折型　4. 囲み型　5. 混合型

（出所）澤内隆志『演習店舗管理の基礎』同友館，1992年，118ページ．

どの非価格訴求型催事に，文化催事は歴史や芸術関係の展示などの情報提供型催事とコミュニティとの交流や季節の行事提案などを内容とする環境形成型催事に分類できる[32]．

1）　三浦一『現代小売マーケティング』千倉書房，1995年，2-3ページ．
2）　鈴木安昭『新・流通と商業』日本経済新聞社，1993年，127-131ページ．
3）　鷲尾紀吉『現代流通の潮流』同友館，1999年，89-90ページ．
4）　Dale M. Lewison and M. Wayne Delozier, *Retailing (Second edition)*, Merrill Publishing Company, 1986, p. 41.
5）　増田大三「小売企業の戦略的構図」『現代小売業の構図と戦略』中央経済社，1995年，236-238ページ．
6）　柏木重秋「小売業マーケティングの基礎理論」『小売業のマーケティング』白桃書房，1987年，20ページ．
7）　「水平的競争」は同一業態間の小売業者間の競争であり，具体的には，三越と高島屋，イトーヨーカドーとイオン，セブンイレブンとローソンなどの例があげ

られる.「異業態間競争」は異業態間の小売業者間の競争であり,三越とダイエー,ジャスコとセブンイレブンなどの例があげられる.「垂直的競争」は流通経路において小売業者とは異なる段階に位置する卸売業者や製造業者との競争であり,かつてのダイエーと松下電器産業などの例があげられる.「垂直的マーケティング・システム間の競争」は垂直的に統合された流通諸機関の間の競争であり,松下の系列店と日立の系列店の間の競争などの例があげられる.
8) 増田大三『前掲書』1995年,251ページ.
9) Danny R. Arnold, Louis M. Capella, Garry D. Smith, *Strategic Retail Management*, Addison-Wesley, 1983, p. 213.
10) 柏木重秋『前掲書』1987年,28-29ページ.
11) 小売ミックスとマーケティング・ミックスは細分化に必要な標的市場である消費者ニーズに合わせてミックス諸要素を最適に適合するというコンセプトが同一であるので,基本的には同じ概念であり,小売ミックスは小売版のマーケティング・ミックスといえる.両ミックスの異同に関して詳細は,大橋正彦「マーケティング・ミックスに関する一考察」『大阪商業大学論集』第105号,1996年,201-220ページを参照.小売ミックスに関する過去の諸研究に関して詳細は,大橋正彦『小売業のマーケティング』中央経済社,1995年,63-75ページを参照.
12) 佐藤栄作「商圏分析モデルの現状と課題」『オペレーションズ・リサーチ』第42巻第3号,1997年,137ページ.
13) 山中は小売商圏研究を整理し,商圏分析モデルを「類推法」「小売引力モデル」「傾向面分析」「シミュレーションモデル」の4つに類型化している.商圏分析モデルの4類型に関して詳細は,山中均之『小売商圏論』千倉書房,1977年,5-6ページ.
14) Paul D. Converse, "New Laws of Retail Gravitation", *Journal of Marketing*, Vol. 14 (Oct.), 1949, pp. 379-384.
15) David L. Huff, "Defining and Estimating a Trading Area", *Journal of Marketing*, Vol. 28 (Jul.), 1964, pp. 34-38.
16) ハフモデルの修正に関して詳細は,中西正雄『小売吸引力の理論と測定』千倉書房,1983年,13-15ページを参照.
17) なお,コンバースは第2公式だけではなく,実証研究などから第6公式まで提示している.
18) GISを利用したマーケティングに関して詳細は,平下治『GISマーケティング入門』ダイヤモンド社,1998年を参照.
19) 平下治「商圏分析を考える〜GISのマーケティング応用〜」『流通情報』第340号,1997年,10-15ページ.
20) GISを利用して効率的な大量出店を行なっている代表的な企業としては日本マクドナルドがあげられる.同社は1995年にMC-MAP (Marketing Center-Marketing Tool for Area Planning) と呼ばれるエリア・マーケティング支援システムを導入し,そのシステムはほぼ半年ごとに改良が加えられてきた.現在で

は，このシステムは自社のみで利用するのではなく，外部に販売するに至っている．

21) 市川実「商圏を考える」『流通情報』第340号，1997年，4-9ページ．
22) American Marketing Association, *Marketing Definitions A Glossary of Marketing Terms*, American Marketing Association, 1963, p. 17.
23) このプロセスは以下の文献を参考にしている．武井寿「マーチャンダイジング」『小売業のマーケティング』白桃書房，1987年，151-195ページ．
24) 以下で取りあげる価格設定はマーチャンダイジングに含まれる領域ではあるが，マーケティングミックスの4要素に小売ミックスを対応させるということを考慮して，ここでは個別に取り上げた．価格設定がマーチャンダイジングに含まれるということに関して詳細は，田島義博『マーチャンダイジングの知識』日本経済新聞社，1988年を参照．
25) David J. Rachman, *Retail Strategy and Structure*, Prentice-Hall Inc., 1975, pp. 179-180.
26) 大塚尚人『マーチャンダイジング総論』同文舘，1978年，239-240ページ．
27) 永井猛「小売業の価格政策」『小売業のマーケティング』白桃書房，1987年，216-218ページ．
28) 清水公一「小売業のプロモーション」『小売業のマーケティング』白桃書房，1987年，224ページ．
29) 来住元朗『消費者行動と小売マーケティング戦略』中央経済社，1986年，33ページ．
30) 清水公一『前掲書』1987年，224ページ．
31) 石居正雄「店舗設計」『店舗・立地の戦略と診断（増補版）』同友館，1996年，58-60ページ．
32) 清水滋『大型店のマーケティング』同文舘，1988年，198-201ページ．

第 11 章

マーケティング・コミュニケーション

第1節　コミュニケーションとマーケティング

1　コミュニケーションとマーケティングの類似性

コミュニケーションとマーケティングは，似たところがある．

コミュニケーションは，メッセージのやりとりで成立する．マーケティングは，モノやサービスの交換をつうじて営まれる．コミュニケーションの目標は，人と人を結びつけ，互いの理解をうながすことである．マーケティングの目標は，実りある市場を創造し，売り手と買い手を結びつけ，互いが満足できる交換をうながすことである．

ひとことで表現すれば，コミュニケーションは「人間関係の架け橋」であり，マーケティングは「市場の架け橋」といえる．

マーケティングは，どんな商品を，いくらで，どうやって提供すれば顧客の満足を得られるか，というアイデアを中心に展開される．マーケティングにおける交換という概念は，利益を追求する民間の会社組織にとどまらない．しだいに図書館，美術館，学校，役所などの非営利組織においても，マーケティングは適用されるようになってきた．ふだんあまり意識されないとしても，マー

ケティングはわれわれの生活と深く結びついている．

どんなに優れた商品も，すばらしいサービスを誇る店も，その存在を誰も知らなければ利用されない．ただ存在を知られるというだけでなく，その特色，魅力，価値が認められてはじめて，お客さまとの縁ができあがる．縁には，「ふれあい」「つながり」という意味もあるが，縁とは原因となるものに作用し，必然的な結果へと導く力である．原因（種）だけがあっても，縁（土，水，日光，温度，空気）がなければ，結果（花，果実）は生じない．いかに優れた技術があっても，それを普及させるには別の創意工夫を必要とする．商品という形にあらわし，魅力的で妥当な価格を定め，その効用を広く知らせ，求める人の手に渡る仕組みがなければ，売上も利益も得られないのである．

2　マーケティング・コミュニケーションの移り変わり

マーケティング活動を円滑に進めていくうえで，コミュニケーションは重要な鍵を握っている．

マーケティング・コミュニケーションというとき，じゅうらいは広告やPRといったプロモーション活動であるという理解が一般的であった．近年では，市場環境の変貌，コミュニケーション技術の進展，消費スタイルの変化などに伴い，マーケティングにかかわるコミュニケーションのありかたが問われ，見直されるようになった．

マーケティング・コミュニケーションの定義は，研究者のあいだでも，実務家においても，完全に一致したものがあるわけではない．マーケティング・コミュニケーションをめぐる代表的な見解は，以下の3つに分けられる．

1）プロモーションとしてのマーケティング・コミュニケーション
2）4P全般にかかわるマーケティング・コミュニケーション
3）IMC（統合型マーケティング・コミュニケーション）

第2節 プロモーションとしてのマーケティング・コミュニケーション

マーケティングにおけるプロモーション（promotion）の位置づけに関しては，マッカーシーが提唱した4Pの構成要素という考え方が有名である．すなわち，マーケターがコントロールできるマーケティング・ミックスの要素を，おぼえやすいように頭文字がいずれもPからはじまる，製品（product），価格（price），場所（place），プロモーション（promotion）に分類した[1]．プロモーションは，他の3P要素である製品，価格，場所についての情報やアイデアを対象者に伝え，需要を喚起する機能を果たしている．プロモーションは一般に，広告，SP，人的販売，PRの4大ツールを組み合わせておこなわれる．この組み合わせをプロモーション・ミックスと呼ぶ．

プロモーションをマーケティング・コミュニケーションとする研究著作は1960年代後半から1970年代初頭に集中している[2]．当時はマス・メディア全盛期であり，いわゆるマス・マーケティング時代におけるコミュニケーションの関心は，シャノン＝ウィーバーの通信理論にもとづき，もっぱら情報を誤りなく効率的に伝達することにおかれていたと考えられる（図11-1）．したがってプロモーション中心のコミュニケーションでは，何を，誰に，どのくらいの頻

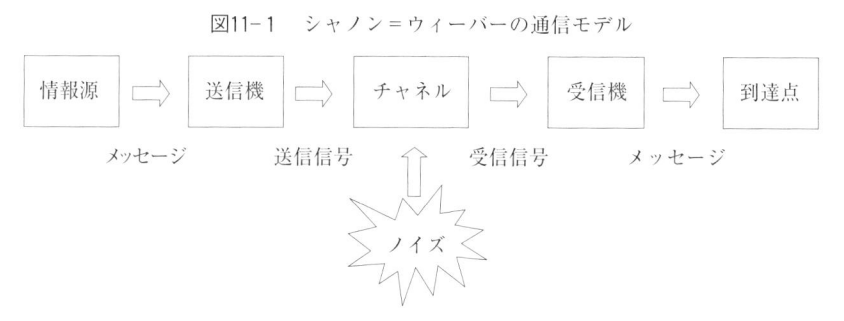

図11-1　シャノン＝ウィーバーの通信モデル

情報源 ⇒ 送信機 ⇒ チャネル ⇒ 受信機 ⇒ 到達点

メッセージ　　送信信号　　　　受信信号　　メッセージ

ノイズ

（出典）C. E. Shannon and W. Weaver, *The Mathematical Theory of communication*, University of Illinois Press, 1949にもとづく

度と量で伝えれば効果的かが，以下のポイントから検討されることになる．
① 効果的な表現の工夫
② 購入見込みの高いターゲットへのメッセージ到達
③ 有効性の高いメディアの選定
④ 予算の効率的配分

1 広告活動（＝Advertising）

アメリカマーケティング協会（AMA）は広告を「明示された広告主がおこなう，アイデア，商品，あるいはサービスの，有料形態による，非人的な提示とプロモーションの活動である[3]」と定義している．広告の定義に関して，以下のポイントに注意すべきである．
① 広告主には営利企業だけでなく，非営利組織と個人を含む
② 広告内容として，商品やサービスとともに，広告主の思想，基本理念，主張などのアイデアが含まれる
③ 広告の目的は，広告主ならびに社会的な利益の増大にある
④ 非人的な提示とは，媒体を通してメッセージを伝達するという意味であり，広告中に登場する人物のことではない

広告活動をめぐる批判には，消費者をそそのかし，不必要なモノへの欲望を抱かせる，あるいは，広告費が商品価格を上昇させる，といった声がある．これに対する広告活動の利点としては，すぐれた新技術を社会に普及させるのに貢献する，生活に役立つ情報を提供する，需要を押しあげ量産化効果をもたらすために商品価格を引き下げる，などが指摘されている．広告活動の功罪は，個別の事例ごとに異なるといえる．また，広告の「効果」をいかなる基準で評価するかという問題がある．

2 SP（＝Sales Promotion）

プロモーションを広義の販売促進と理解すると，SPは狭義の販売促進にあたる．SPは広告活動に比べて低予算でおこなうことができ，商品やサービス

の試行あるいは購入に直結する可能性が高い．マーケティング情報の収集や売上の向上を図るためのマーケティング・テクニックとして，広告，PR，人的販売の各活動と連動させることにより，その弱点を補足し，効果を高めることができる．

SPには大きく分けて，取引業者向けのものと消費者向けのものがある．前者にはトレードショーや見本市の開催，早期の注文あるいは注文量に応じたプレミアの提供，後者の例としては効果的な陳列，懸賞品，試供品，クーポン，イベントの開催などがあげられる．

なお媒体別の広告分類では，マスコミ4媒体とニューメディアを除く広告手法を一括して，SP広告と呼ぶことがある．SP広告には，DM（ダイレクトメール），折込チラシ，屋外広告，交通広告，POP，電話帳広告などが含まれる．

3　人的販売（＝Personal Selling）

人的販売は，いわゆるセールスマンが顧客との会話をとおして情報を提示し，説得する活動である．逆説的だが，効果的な説得は，説得しないことだと言われる．説得とは，相手の考えや行動を変えようとする行為であり，それまで当人が抱いていた信念，期待，願望などを打ち消すよう迫ることになる．たいてい人間は，自分に落ち度や間違いがあるとわかっていても，欠点を指摘されると傷つくものである．

セールスマンが担当する業務は，受注と配達を主とする場合から，技術上の相談を受けて顧客の問題解決に役立つ提案をする場合，さらには見込み客を探し購入を勧誘する場合などにいたるまで，様々なものがある．

販売員は，商品と消費者を結ぶ接点に位置している．顧客のニーズ，購入意欲，商品との適合性を考慮せず，ひたすら買わせることに目標をおく高圧的販売は，かえって顧客から反感と不信感を招きかねない．すぐれたセールスマンは，モノを売るのではなく，信頼を提供し，満足を与える．

販売員は，顧客自身でさえ自覚していないような当人のニーズを明らかにし，正確な情報を誠実に提示することによって，顧客が満足できる商品選びを

手伝い，自発的な購入を促すことができる[4]．

4　PR活動（＝Public Relations）

パブリックリレーションズ（PR）は，もともと，企業を取りまく人々との良好な関係づくりを意味する．組織が外部との良好な関係を築き，保っていくためのコミュニケーション活動である．

企業が関わりをもつ相手は，最終の消費者だけでなく，株主，原料の調達先，流通業者，関係官庁，マスコミ，地域住民など多岐にわたる．企業に影響をもたらし，企業と利害関係のある個人および集団をステークホルダーと呼ぶ．ステークホルダーは，企業にとって親密で協力的なパートナーであったり，厳しく批判的な敵対勢力であったりする．

近年では，地球環境問題の対応にみられるように，企業にとってステークホルダーの対象範囲は広がり，社会的責任が問われるようになった．

じゅうらい日本企業の多くは，PR活動を広報部門が担当してきた．PRのはたす意義と領域は，広報誌の発行だけでなく，企業紹介のパンフレットやビデオの作成と配布，統合的に企業のアイデンティティを確立するCI活動，株主向けに情報を開示するIR活動（Investor Relations），優秀な人材確保のためのリクルート活動などに及ぶ．企業が一市民として，文化支援，ボランティアなど地域や社会に貢献する活動もPR活動の一環とみなすことができる．

第3節　4P全般にわたるコミュニケーション

マーケティング・ミックスのなかで，メッセージを伝える要素は，プロモーションに限定されるだろうか．あくまで広告を中心とするプロモーション活動は，販売を促し支援するためのメッセージ伝達活動である．広告活動やPRなどでいかに工夫をこらしても，商品や売り物や価格に魅力がなければ，消費者を十分に満足させることはできない．実際の活動が広告の内容と違えば，むしろ信頼を失うことになる．

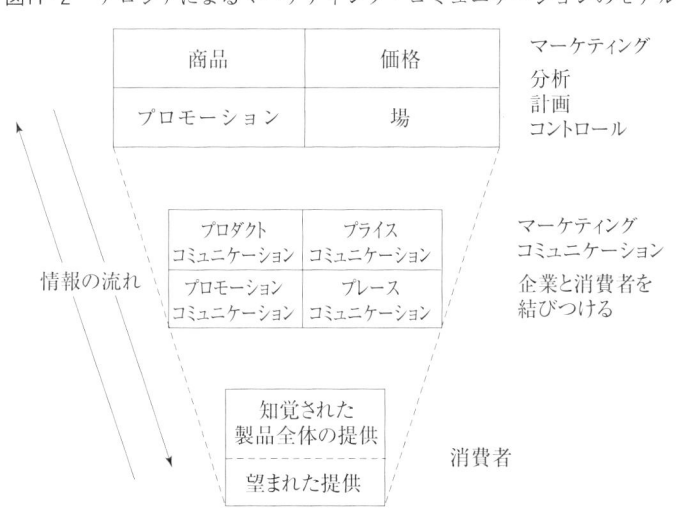

図11-2 デロジアによるマーケティング・コミュニケーションのモデル

商品	価格
プロモーション	場

マーケティング
分析
計画
コントロール

プロダクト コミュニケーション	プライス コミュニケーション
プロモーション コミュニケーション	プレース コミュニケーション

マーケティング
コミュニケーション
企業と消費者を
結びつける

情報の流れ

知覚された
製品全体の提供
──────
望まれた提供

消費者

（出典）Delozier, M. Wayne, *The Marketing Communication Process*, McGraw-Hill, 1976, p. 167

そもそも商品それ自体も、メッセージの発信源だという点に着目してみよう。商品がメッセージを伝える、というのはラベルやデザイン、ネーミングばかりではない。持ち物で所有者が判断されることがあるように、そのモノ自体にも意味が備わっている。同様に、商品の価格も、商品を提供する場も、意味のあるメッセージだと考えることができる。

デロジアは、プロモーションだけでなく、商品、価格、場のコミュニケーションを含めて、4P全般をマーケティング・コミュニケーションとする考え方を提起した（図11-2）。デロジア説では、マーケティング・コミュニケーションをマーケティング管理と消費者の間に位置づけ、4Pそれぞれのコミュニケーションがあるとする[5]。

1　商品のコミュニケーション

個性のある商品は、商品それ自体がモノ語る。機能性、デザイン、素材、色彩など、商品を構成する各要素がメッセージとなる。たとえば、かばん類は「包

むもの」「貯めるもの」であり「母性」をイメージさせる．丸みと膨らみを帯びたデザイン，ふわふわした獣毛素材は，その特徴をいっそう強化するだろう．

食品のパッケージの形や色，ラベルに印刷されたマークなどを変えると，商品の中身が同じであっても，消費者の品質評価の反応に変化をあたえることが実験でも確かめられている．たとえば色彩は，暖かさ，冷たさ，大きさ，重さ，味などの感覚に影響する[6]．また，コカコーラの赤，コダックの黄，ニベアの青などのイメージカラーは，消費者に強力なインパクトをもたらし，ひと目で類似の他社商品との違いを訴えかけることができる．

商品が伝える意味は，それを製造する企業といえども，すべてをコントロールできるわけではない．商品の意味は，それを所有し，利用する典型的な消費者とも関係する．人を持ち物から判断する傾向は，あまりに典型化されると偏見を生じさせるが，一般にみられることである．当人が自覚していないばあいもあるが，所有物は個人の一部もしくは分身とみなされ，主体性 (identity) の証となる．

スヌーピーに登場するライナスは，いつも毛布を抱きかかえて離さない．ライナスの毛布のようなものを，程度の差こそあれ，たいてい誰もが持っている．人によって「ライナスの毛布」は，化粧品のこともあるし，時計あるいはケータイのこともある．ブランド信仰という用語に示されるように，今日ではそれが，ベンツだったり，シャネルであったり，フェラガモだったりする．

典型的なユーザーは，その商品のイメージを，時として広告活動以上に決定づけ，広めることがある．ジバンシーファッションを愛用した女優，オードリー・ヘップバーンは，「私にとって衣装は，とても大切でした．私は演技の勉強をしなかったので，子どもがするように，何かのふりをしなければならなかったのです」と述べている．彼女はジバンシーに「あなたの作ってくれたブラウスやスーツを着ていると，私はあなたの洋服に守られている気持ちになります」と感謝した[7]．信仰対象としての商品は，消費者にとって一種のお守りの役割を果たしている．

2　価格のコミュニケーション

　数字で示される価格にも，意味がある．通常，価格は製造原価や流通マージンなどによって決定され，需給関係に応じて変わるものである．加えて価格は，品質を推し量るモノサシであり，メーカーや販売店のイメージを格づける記号，あるいは購入者の価値観を示すバロメーターでもある[8]．

　チャルディーニは，宝石の価格と売上にかんするエピソードを紹介している[9]．観光客でにぎわう宝石店で，値段のわりに品質のよいトルコ石があった．しかし，陳列場所を変えても，店員が薦めても，ほとんど売れなかった．店の主人は，値札を半額にするよう店員にメモで指示をだし，旅行に出かけた．数日後に主人が戻ると，その宝石はすべて売り切れていた．半額処分だから売れたのではない．店員は主人のメモを読み違え，倍の値段に設定していたのである．

　一般に，売れない商品は価格が高すぎると考えられ，価格を引き下げることで需要を刺激しようとする．それまで売れなかった商品が，なぜ価格を上げることによって売れるようになったのか．この奇妙に思える人々の行動にひそむ心理を，チャルディーニは「判断のヒューリスティック（日常的な判断で簡便化をおこなう心理作用）」として説明する．つまり「高価なもの＝良いもの」「値段の低いもの＝粗悪なもの」と考える人々は，この心理的な簡便法にしたがって，価格の安い宝石を価値が低いとみなし買わなかった．価格の上がった宝石は，価値の高いものと判断され，売り切れたと考えられるのである．

3　場のコミュニケーション

　場（Place）はコミュニケーションの宝庫である．店舗やショールームは，売り手と買い手が顔を合わせ，情報を交換し，取引する「空間」であり「局面」である．現場のコミュニケーション・メリットは，顧客の反応を直接に観察できるところにある．場における情報交換は，言語によるコミュニケーションに限定されない．むしろ，コミュニケーションの専門家が指摘するように，非言語の情報が圧倒的に多く，印象を決定づける効果をもっている．

まったく同じ商品が，複数の店舗で販売されている光景は珍しくない．このとき価格が同じでも売上が異なるのは，店舗イメージが関係すると考えられる．

かつて19世紀後半にボンマルシェは，ショーウィンドウを華やかに飾り，店舗への出入りを自由に認めるという店舗のパノラマ化をはかることで，世界中から大勢の人々を集めることができた[10]．ヴィレッジ・ヴァンガードは「遊べる本屋」をコンセプトに，かた苦しい書店のイメージを打ち破り，CDや輸入雑貨などの独特な品揃えで，来客者に宝探しのような興奮と喜びをもたらしている．

店舗イメージを形成する要因には，品揃え，立地条件，交通アクセス，店構え，のれん，モニュメント，店員の接客態度，売り場面積，売り場構成，照明，客層などがある．顧客によっては，まず店舗内の化粧室をみて，その店を利用するかどうかを判断するという人もいる．包装紙が決め手と考える消費者は，店舗イメージによって利用する店舗を変える傾向がある．とくにギフト用の購買行動で顕著である．

いたるところで同じ品物を入手できるようにするのではなく，地域，期間，数量などを限定して販売することがある．その場限りという希少性の意味づけによって価値を高め，価格を維持しつつ売上の増大をはかるためである．

店舗は，消費者にとって，自分探し，自分磨きの場でもある．新しいマーケティングとして「経験型マーケティング」が注目されている[11]．経験型マーケティングにおいて，製品は小道具や衣装であり，消費経験とは個人が主体性を発揮する舞台である．この新しいマーケティングでは，消費者の五感すべてに訴えるよう，売場が演出される．

人気の高いサービス業は，スターバックスであれ，ディズニーであれ，利用者が他者に体験談を吹聴したくなるような場づくりに努力している．

第4節　IMC（統合型マーケティング・コミュニケーション）

1962年にレビットは,「求心的マーケティング（Centripetal Marketing）」を提唱した．それは，消費者に向けられたメッセージが分散し，時には矛盾するという問題点を指摘し，マーケティング・コミュニケーションの全体を慎重に調整して，一貫性のあるメッセージ訴求を計画すべきだという主張であった[12]．

1990年代に登場した「統合型マーケティング・コミュニケーション（IMC＝Integrated Marketing Communication）」は，求心的マーケティングの延長線上に位置づけられるが，いっそう消費者との双方向コミュニケーションを重視し，マーケティング全体の再構築をはかるものである．

シュルツ，タネンバウム，ローターボーンは，IMCの必要性について「雑多で，マス志向の，不統一なコミュニケーションが，消費者のニーズではなく

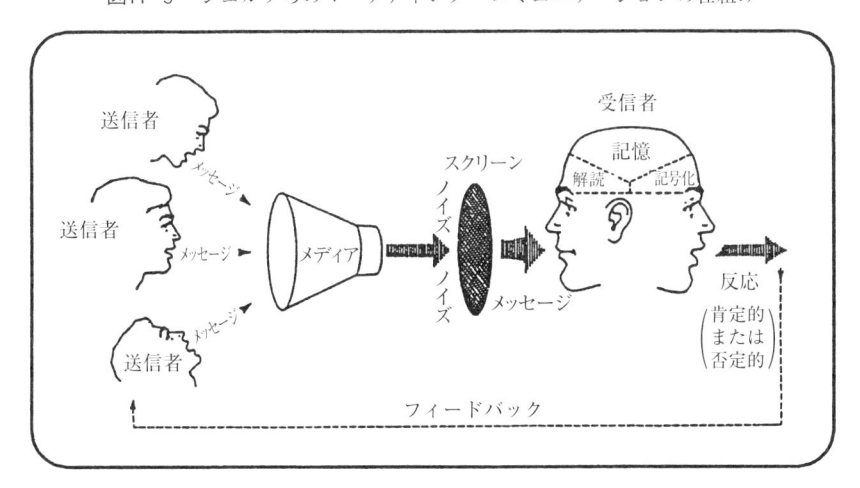

図11-3　シュルツらのマーケティング・コミュニケーションの仕組み

(出典) Don E. Shultz and Staley I. Tannenbaum, *Essentials of Advertising Strategy*, 2nd ed. Lincolnwood, NTC Business Books, 1989, p. 32.

メーカーの都合によって発生している．消費者の発する声にマーケターが耳を傾ける時代の始まりにあたってIMCが必要である[13]」と述べ，「4P」に代わる「4C」を次のように提唱している[14]．
① 製品（Product）ではなく，消費者のウオンツ＆ニーズ（Consumer wants and needs）
② 売価（Price）よりも消費者のウオンツ＆ニーズを満たすコスト（Cost）
③ 販売場所（Place）ではなく買いやすさ（Convenience to buy）
④ プロモーション（Promotion）ではなくコミュニケーション（Communication）

P型からC型への移行は，生産者本位から生活者重視への転換をあらわしている．できあがった製品を起点とするのではなく，顧客のニーズによって必要とされるモノをつくる．製造原価と流通マージンと利益で決められる販売価格よりも，消費者にとっては製品本体の購入価格に加え，入手にかかる費用，購入後の維持費，利用後の処分費などのコストが重要である．売り手の都合を優先した販売場所ではなく，多様な選択肢から消費者が便利な購入方法を決定する．一方的な押し込み，垂れ流し型の情報提供に代わって，消費者との対話が重視され，説得よりも相互理解をはかる．

シュルツらが主張するマーケティング・コミュニケーションは，図11-3のように消費者がメッセージを受け取るだけの存在ではなく，情報の送り手に反応をフィードバックするという前提にたつ．

じゅうらいのP型は，工場の都合優先の発想から作り上げたものを，消費者に売り流すプロダクト・プッシュ・アウトであった．C型は利用者の使いやすさや便利さを重視し，生活環境の質を高める商品を生活者と交流・協力しながら生み出していく．いわば，コラボレーティブ・クリエーション（共創）がIMCの柱となる[15]．

第5節 変貌するメディア環境とマーケティング・コミュニケーション

これまではマーケティング・コミュニケーションの代表的な3タイプの見解を時代順にたどりながら，関連する内容をみてきた．本節では，変貌著しい近年のメディア環境との関わりから今後のマーケティング・コミュニケーションを考える．

1 見直しを迫られるマス広告

マス・マーケティング全盛の時代には，強力なマスメディアを武器にした広告活動が，絶大な効果をあげた．とくに商業広告においてテレビの民間放送は，視聴者の数と影響力の大きさで中心的な位置をしめてきた．テレビCMは，映像と音を効果的に用いた表現により，インパクトが強く説得力のあるメッセージを，瞬時に多くの人びとへ伝えることができた．

しかし近年，テレビとの関わり方は大きく変わってきた．衛星放送やケーブルテレビが加わって多チャンネル化している．ビデオ，レーザー・ディスク，テレビゲーム，DVDなど，テレビに接続する新しいメディアが登場し，急速にテレビはモニター化が進行してきた．またリモコンとビデオの普及により，テレビ番組の視聴行動には著しい影響があらわれた．

① ザッピング＝CMになると他のチャンネルに切りかえる．
② フリッピング＝頻繁にチャンネルを替え，番組のおもしろそうな部分を見る．
③ ジッピング＝ビデオ録画した番組のCM部分は早送りで飛ばす．

このようなコマーシャル敬遠の行動に対しては，チャンネルをかえても同じCMが映る同時並列放送や反復CMも登場した．けれども，押しつけがましく，やかましい，一方的な広告は，消費者に嫌われる．すぐれた情報性と娯楽性を兼ね備えたインフォテイメント広告が，こうした背景から登場し注目され

るようになった．

テレビに限らず，他の広告マスメディアについても，接触行動に変化があらわれている．

雑誌メディアは，読者層がはっきりしていて，広告ターゲットを限定でき，保存性にすぐれ，高い回読率があるとされてきた．しかし，大量の発行部数を誇るメジャー誌は少なくなった．定期購読の習慣がうすれ，特集内容によって購読を決める傾向がみられる．過去の購読者データが当てはまるとはかぎらず，雑誌内容との連動性がなければ，広告効果を期待しにくくなっている．

広告メディアとしての新聞は，定期購読者が多いため安定性がある．マス4媒体中で信頼度がもっとも高く，詳報性と即時性が長所といえる．だが，ビジュアル志向の強い若者やファッション感覚を重視する女性は，小さな文字で堅苦しい記事の詰まった大判の新聞から遠ざかっている．

ラジオは即時性が強みである．「ながら視聴」が多く，クルマでの移動時，緊急非常時に視聴者が増加する傾向がある．しかしケータイの技術が進歩し，急速に普及したことで，緊急時にはラジオ視聴という図式が崩れ始めている．接触機会，利用頻度に照らして，ケータイのほうが格段に巨大なメディアとなっている．

2 インターネットの可能性と問題点

IT（情報通信技術）ということばが流布する以前から，情報通信に関わる技術は，印刷であれ，テレビであれ，生活者のライフスタイルと意識の変革をうながし，広告を中心とするマーケティング・コミュニケーションのありかたにも多大な影響をおよぼしてきた[16]．とりわけ，ケータイやパソコンによるインターネットは，その急速な普及と，じゅうらいのマスメディアにない特性から注目に値する．

総務省の「通信利用動向調査」によれば，2004年末における日本のインターネット利用者数は7948万人と推計され，人口普及率では62.3％となっている．従業員300人以上の企業での普及率は98.3％に達し，世帯普及率（自宅その他

でパソコンまたは携帯電話などにより，個人目的でインターネットを利用する構成員のいる世帯の割合）は86.8%となった．

インターネット広告の規模については，広告費全体に占める割合が2004年で3％にすぎないが，この数年間に急拡大してきた（表11-1）．

インターネットがマーケティング・コミュニケーションにいかなる影響を与えるかについては，そのメリットないし可能性を支持する見解と，その限界ないし問題点を指摘する見解とが交錯している．

インターネットは，コミュニケーションのみならずマーケティングのありかたを全般にわたって劇的に変える可能性がある．それはインターネットに，情報メディアとしての側面と販売チャネルとしての側面があるからである．周知のとおり，インターネットは，文字，音声，映像にわたる情報を，迅速・格安・大量に世界中と受発信できる機能を備えている．とともに，消費者はインターネット上で商品の選定，質問，注文，取消などができる．言い換えれば，マーケターは世界中に張り巡らされたネットを通じて個別の消費者と結ばれ，即座に販売へとつなげられるチャンスをもっている．いまやネット上では，あらゆ

表11-1　日本の広告費推移（媒体別，1985～2004年）　　単位：億円

媒体 年	新聞	雑誌	ラジオ	テレビ	SP広告	衛生メディア関連広告	インターネット広告	総広告費
1989	12,725	3,354	2,084	14,627	17,830	95	—	50,715
1990	13,592	3,741	2,335	16,046	19,815	119	—	55,648
1991	13,445	3,866	2,406	16,793	20,642	109	—	57,261
1992	12,172	3,692	2,350	16,526	19,757	114	—	54,611
1993	11,087	3,417	2,113	15,891	18,646	119	—	51,273
1994	11,211	3,473	2,029	16,435	18,409	125	—	51,682
1995	11,657	3,743	2,082	17,553	19,070	158	—	54,263
1996	12,379	4,073	2,181	19,162	19,730	174	16	57,715
1997	12,636	4,395	2,247	20,079	20,348	196	60	59,961
1998	11,787	4,258	2,153	19,505	19,678	216	114	57,711
1999	11,535	4,183	2,043	19,121	19,648	225	241	56,996
2000	12,474	4,369	2,071	20,793	20,539	266	590	61,102
2001	12,027	4,180	1,998	20,681	20,488	471	735	60,580
2002	10,707	4,051	1,837	19,351	19,816	425	845	57,032
2003	10,500	4,035	1,807	19,480	19,417	419	1,183	56,841
2004	10,559	3,970	1,795	20,436	19,561	436	1,814	58,571

（出典）「日本の広告費」（電通）

る商品が購入可能である．とくに商品そのものがデジタル化された情報であるばあい（たとえば音楽，映画，ゲーム，出版物，保険，株式売買，旅行やイベントなどの各種チケット販売），デジタルコンテンツのダウンロードや契約手続によって商品の受渡しが瞬時におこなわれる．現物商品の配送を伴うばあいには，宅配システムを利用した配送あるいはコンビニなどでの受取ができる．いずれのばあいも，オンライン上で代金決済までおこなえる．

　企業側にとってオンライン取引のメリットは，以下のものがある．
① かならずしも固定店舗と商品在庫を必要としない
② マス媒体の広告に比べて費用が安くすむ
③ 情報の更新が瞬時に可能
④ いつ，誰が，どの経路からアクセスしたかの情報，および顧客の個人情報が把握できる
⑤ 見込みの高いターゲットに個別の情報配信ができる
⑥ 営業は24時間365日可能だが，かならずしも人員は拘束されない

また消費者にとってオンライン店舗のメリットは，以下のものがある．
ⓐ 関心のある情報を選んで，自主的に閲覧できる
ⓑ 自宅にいながら買い物ができる
ⓒ 取扱いの少ない専門的な商品を迅速に探しだせる
ⓓ 取扱い店舗の所在地確認や，価格比較が容易にできる
ⓔ 情報を受け取るだけでなく，質問や意見を述べることができる

　インターネットの登場により，じゅうらいのマスメディアや中間流通業者は淘汰されるという悲観論も聞かれる．しかしながら，新しい広告メディアとしてのインターネットへの関心を集める目的で，じゅうらいのマスメディアを使ってサイトの存在を知らせることができる．

　ネット通販が便利であると思っても，利用にあたっては不安がつきまとうという声も聞かれる．コトラーは，オンライン・マーケターが直面する問題点として，以下をあげている[17]．
㋐ 限られた消費者による商品の認知と購買

⑦　デモグラフィックスおよびサイコグラフィックスの偏り
⑨　無秩序と混乱
㊁　セキュリティ
㊄　倫理上の問題
㊍　消費者の反撃

　要するに，これまでのところネット上で実際にものを買う人たちは限られている．ネット上にはあまりにも多くの情報が氾濫し，安全な取引システムも確立しているとはいいがたい．個人情報の流出やコンピュータウィルスの感染といった問題がある．

　インターネットの普及がマーケティング・コミュニケーションのありかたに衝撃を与えた課題は，消費者の反撃であろう．

　インターネットでは，手紙や電話のように相手を特定したメールに加えて，個人が不特定多数に広く情報を開示することも可能である．日本では1999年6月に，個人がホームページ上で大手家電メーカーの対応を不服として担当者の対応を公表し，同年7月に会社側が全面的に謝罪するという出来事が起き，社会的な事件として報道された．

　ネット時代を迎えて，消費者からの苦情，抗議には，これまで以上に慎重かつ誠実な対応が求められる．問題が発生したときには謝罪すればよいのではなく，そもそも問題が発生する原因を究明し，不祥事を未然に防がなければならない．その意味で，お客様の苦情は宝と考えるべきである．

　消費者の視点から生活を見直し，新たな事業機会を創出していくうえで，消費者とのダイレクトな対話は，顧客満足を追求するマーケティング活動の基本になる．個別のニーズに対応するためには，マスメディア偏重の傾向を改め，パーソナル・メディアと連動する形で，相互理解を深めるインタラクティブ・コミュニケーションが不可欠である．この意味でインターネットは，基本的にIMCに好都合なコミュニケーション環境をもたらす．ネットに特有の課題についても，むしろ積極的に解決策を創案していくことが次の飛躍ステップになるのである．

第6節　地球環境問題とマーケティング・コミュニケーション

われわれが共に暮らす宇宙船地球号は，深刻な環境汚染と破壊の危機にさらされつつある．マーケティング・コミュニケーションは，地球環境の悪化を防ぎ，改善していくために何ができるだろうか．

じゅうらい広告活動は，しばしば欲望をあおり，使い捨てを奨励してきた．広告の技術ないし手法は，革新的な考え方を受け入れるよう人々を説得してきた．この手法は地球環境の改善に役だつ意識改革とライフスタイル変更をうながすために活用することもできる．

1　環境広告

1991年にボルボ社が新聞の全面広告で「私たちの製品は，公害と，騒音と，廃棄物を生みだしています」と語りかけたとき，まず企業が環境に悪影響を与えてきた事実を認め，改善のための宣言をしたことに，生活者から共感の声が集まった．環境広告には，以下の3タイプが存在する．

① 環境改善に役だつ商品・サービスを消費者に知らせ，関心を高め，使用を勧める
② 環境保護の大切さを消費者に訴える
③ 環境に悪影響を与える行為に気づかせ，やめさせる

リーハークは，環境広告を成功に導くための6点を助言している[18]．

ⓐ 広告に環境問題を提示し，解決法を提案し，環境保護を奨励するメッセージをいれる
ⓑ 環境に関する主張は，具体的，実証的に，商品の特性に関係する事柄を正直に提示する
ⓒ 環境問題の防止と解決の提案は，過剰な期待をもたせる誇張表現と約束をしない
ⓓ 解決が無理だと諦めることのないよう希望を与え，解決にむけた行動を

呼びかける
　ⓔ　環境の視点から商品を選択できるようクリエーティブな広告リーダーを
　　めざす
　ⓕ　広告活動全体を環境保護の観点から見直し，自ら実行する

　2　環境ラベル
　環境ラベルは，エコ商品としての基準を満たすばあいに添付が認められる．「ラベル」といっても，製品への添付だけでなく，製品本体の表示，説明書，広告やパンフレット類の記載も含まれる．証示機能があるため，エコ商品を選択する手がかりとなり，消費者の環境意識を高めるうえで役だつ．
　ISOは，環境ラベルの国際規格を3タイプに分類し，製品の環境負荷を消費者に伝えている．タイプⅠの第三者認証型は，日本の「エコマーク」に当たる．タイプⅡの自己宣言型は，企業独自の基準で環境に配慮した特性や企業の姿勢を訴え表示する．タイプⅢの定量的な環境負荷情報表示型は，物質の使用量や排出量などを数値化して示す．タイプⅢが，ラベルの信頼性を確保でき，環境対策の実施にきわめて有効である．コニカは，2000年4月にデジタル複写機5機種で，また2000年12月にはカメラとレンズ付きフィルムで，環境ラベルを世界に先がけて導入した．

　3　環境情報の説明責任
　事業者が環境問題をどのように考え，いかに対応しているか，情報開示を求める声が高まっている．多くの企業が作成する環境報告書は，記載基準があいまいで，事業者間はもとより，同一企業でも時系列での比較ができないことがある．国際民間団体GRI（Global Reporting Initiative）は，2000年6月に「持続可能性報告書」の国際ガイドラインを公表した．
　適切な環境情報の開示とは，情報公開そのものを目的にするのではない．環境対策に取り組む姿勢を明らかにし，活動成果に反映させることに意義がある．環境通信簿を比較できるよう評価方法を定めることも大切であるが，独自

の工夫をこらす余地を残し，実効性を高める努力も必要である．

まとめ——共創発想のマーケティング・コミュニケーション

現代の企業は，社会と共存する経営を地球規模で考え，実行していかねばならない．現代のマーケティング・コミュニケーション活動は，説得を主な目的とするプロモーション活動に限定されない．それはむしろ生活者との情報交換を通じてマーケティング諸活動を支援する架け橋であり，社内の潤滑油となるべきものである．その特徴を一言であらわすと，「共創」という用語に集約される．つまり社内外の柔軟な創意協力（クリエーティブ・コラボレーション）を柱とする．商品を提供する会社と，実際に商品を使う生活者との相互理解を基本とするのである．

1) McCarthy, E. Jerome. *Basic Marketing, : A Managerial Approach*, Richard D. Irwin, 1960.
2) たとえば，以下の著作がある．Crane, Edger, *Marketing Communications* John Wiley & Sons Inc. 1965. Laser, William, *Marketing Management : A System Perspective*, John Wiley & Sons Inc. 1971. Webster, Frederic E., *Marketing Communication : Modern Promotional Strategy*, Ronald Press Co. 1971.
3) *Journal of Marketing*, Oct. 1984, p. 202.
4) 坂部和夫『現代の販売管理論』中央経済社，1986年，383-387ページ．
5) Delozier, M. Wayne, *The Marketing Communication Process*, McGraw-Hill, 1976.
6) ジェラール・キャロン『メッセージするデザイン〜消費者が思わず手にとりたくなるデザインには理由があった』井澤初美訳，主婦の友社，1988年，58-89ページ．
7) TV番組，NHK総合「夢伝説：オードリー・ヘップバーン〜麗しの妖精〜」，2001年9月3日23：00〜23：45放送による．
8) 小嶋外弘『価格の心理〜消費者は何を購入決定の"モノサシ"にするのか』ダイヤモンド社，1986年．
9) ロバート・B・チャルディーニ『影響力の武器』社会行動研究会訳，誠信書房，1991年，1-6ページ．
10) レイチェル・ボウルビー『ちょっと見るだけ〜世紀末消費文化と文学テクス

ト』高山宏訳，ありな書房，1989年，11-16ページ．
11) B. J. パイン，J. H. ギルモア『経験経済』電通「経験経済」研究会訳，2000年．
12) Theodre Levitt, *Innovation in Marketing ; New Perspective for Profit and Growth*, McGraw-Hill, 1962, pp. 228-230.（土岐坤訳『マーケティングの革新～未来戦略への新視点』ダイヤモンド社，1983年）
13) Done E. Shultz, Stanley I. Tannenbaum and Robert F. Lauterborn, *The New Marketing Paradigm ; Integrated Marketing Communications*, NTC Business Books, 1993, p. 65.（有賀勝訳，電通IMCプロジェクトチーム監修『広告革命 米国に吹き荒れるIMC旋風～統合型マーケティング・コミュニケーションの理論』電通，1994年）
14) *Ibid*, pp. 12-13.
15) 長尾晃宏「通販広告をめぐる法規制とモラル～共創発想のマーケティング」日本広告学会関東部会報告（麗澤大学），1993年7月．
16) 新しいメディアと広告との関係については長尾晃宏「プロモーション戦略」，松江宏『現代マーケティング論』創成社，2001年，所収，とくに155-166ページを参照されたい．
17) フィリップ・コトラー『コトラーのマーケティング・マネジメント　ミレニアム版（第10版）』恩蔵直人監修，月谷真紀訳，ピアソン・エデュケーション，2001年，823-824ページ．
18) ロバート・リーハーク『環境広告60の作法』楓セビル訳，電通，1996年，20-21ページ．

第 12 章

国際マーケティング

　前章までは，国内と海外とを特に区別することなくマーケティングについて必要なテーマを取り上げてきた．今日のように海外との取引関係が密接になると，国内と同一のマーケティング手法でも事足りるように見えるが，実は国際マーケティングを行う場合には考慮しなければならない点が多々ある．そこでこの章では国際マーケティングを展開する際に理解しておくべき基本的な項目のいくつかを取り上げ学ぶことにする．

第1節　国際マーケティングの基礎

1　国際マーケティングとは何か
　簡単にいえば，国境を超えてのマーケティング活動であるが，国際マーケティングの代表的な研究者であるカトーラ（Cateora）は，次のように定義している．
　国際マーケティングとは，2カ国以上の消費者やユーザーに対して製品やサービスを提供する企業活動であり，国内マーケティングとの定義上の際立った違いは，マーケティング活動が2カ国以上で行われる点にある[1]．

2 国際マーケティングの発展形態

カトーラは,企業の海外市場との関わりにおいて,国際マーケティングは以下のような発展形態を辿るとしている[2].

① 海外マーケティングのない段階

この段階は,国境を越えて顧客を積極的に開拓するものではないが,製品は貿易会社や直接,会社を訪れる海外の顧客に販売される.または,製品は海外で販売活動をする自国の卸売業者や販売業者を通じて,海外市場に届けられることになる.

② 一時的海外マーケティング

この段階においては,生産水準や需要の変化によって引き起こされる一時的な余剰分の製品が,海外へ一時的に輸出されることになる.海外市場への販売が継続的に行われるのではなく,商品があれば海外市場に持ち込まれるということである.だから,国内の需要が増加し,余剰部分が吸収されれば,海外での販売活動は取りやめになる.したがってこの段階においては企業の組織や製品ラインに変化があることはまれである.

③ 常時的海外マーケティング

この段階においては,企業は海外市場に継続的に販売する製品の生産に対し,恒久的な能力を有する.企業は海外もしくは国内の中間業者を用いたり,あるいは重要な海外市場においては自らの販売員や販売子会社を有することもある.現在,生産している製品に対する主たる関心は国内市場の需要を満たすことである.マーケティングや経営における投資や海外での製造,あるいは組み立てに対する投資は一般的にこの段階で始まる.さらに,製品の中には個々の海外市場のニーズに合わせた物になるものもある.

④ 国際マーケティング

この段階の企業は国際的なマーケティング活動に積極的に関わっていくことになる.こうした企業は世界中に市場を求め,各国の市場に合わせた製品を販売することになる.一般にはマーケティング活動だけではなく,自国外で製品

生産も行なわれる．この段階で国際的企業あるいは多国籍企業になる．
　⑤　グローバル・マーケティング
　この段階では，自国市場を含め世界を一つの市場として扱うことになる．つまり，国単位でマーケティング活動を行う多国籍企業と対照的である．しかし，最近の国際マーケティング研究の動向をみてみると，レビットの主張するような世界市場の同質化，均一化を絵に描いたようなマーケティングを実行する企業は少ない．要するに，グローバル・マーケティングとは，世界中のすべての顧客を一律に同質的，均一的に見るのではなく，グローバルに標準的な要素とローカルな要素を合わせもつマーケティング活動であるといえる．

第2節　国際マーケティング環境

　国際マーケティングでは，企業は本国とは異なる市場環境のもとで，国内外で同時に活動を行うため，生じる問題がより複雑なものとなる．海外市場には多くの不確実性や障壁があり，日本国内でマーケティングを行う際に全く考える必要がなかったことが，海外市場でのマーケティングにおいては考慮すべき要素となりうる．以下に考慮すべきいくつかの要素を列挙する．

1　国際マーケティングの環境要因
　国際マーケティングの環境要因の説明には，一般にカトーラの図がよく使用されるが，ここでは，それぞれの要因に含まれるいくつかの項目を取り上げる．
　①　言語
　販売用の印刷物と販売のためプレゼンテーションという点において，読むことと話すことの両方の見地から考える必要がある．ある国には言語上の階級があるかもしれないし，また，ある国では英語（主要国際言語と考えられている）から現地語への翻訳がとくに期待されていないかもしれない．
　②　価値観
　ある国では約束の時間に遅れることは，失礼なことと思われているが，他の

国ではさほど大きな問題とはされないというように文化によって価値観が異なる．

③ 宗教

宗教的儀式・神聖な事物・タブー・宗教上の休日などを無視することはできない．例えば，マレーシアではイスラム教の信者は，就業時間内であっても3回のお祈りをするが，同国に進出する企業は現地従業員に対して，こうした時間を認めることが求められる[3]．

④ 審美的感覚

ある物を美しいと感じたり，おいしいと感じる感覚に対する考慮も必要である．これには，色や形などの，デザインの基準やブランド名までが含まれる．

⑤ 教育

製品の使用説明書や保証書などを作成する際には，理解力と読み書き能力の

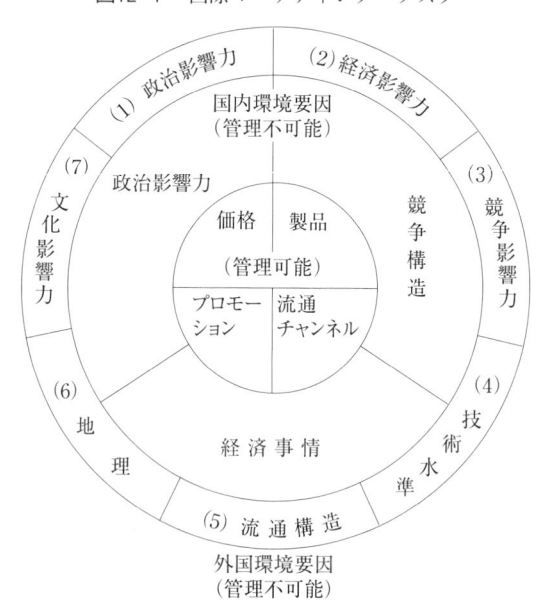

図12-1　国際マーケティング・タスク

```
                    国内環境要因
                    （管理不可能）
       (1) 政治影響力    (2) 経済影響力
  (7)                              (3)
  文化     政治影響力    競争構造    競争
  影響                              影響
  力      価格  │  製品            力
          （管理可能）
          プロモー │ 流通
          ション   │ チャンネル
  (6)                              (4)
  地理                              技術水準
              経済事情
         (5) 流通構造
           外国環境要因
           （管理不可能）
```

(出所) P. R. Cateora and J. M. Hess, International Marketing, R. D. Irwin, Inc., 1979, p. 7.

⑥　法律と政治

　供給される製品に関して争いが起きる可能性がある場合，また販売契約を結ぶ場合には，充分な配慮が必要である．自国の法律が供給国の法律に優先されるのか，あるいは国際法を適用できるのかといった点が重要となる．また商品をめぐってのさまざまな規制，例えば，アメリカでは健康食品として扱われている物でも日本の薬事法の元では政府の認可が必要になる場合もある．

　⑦　インフラストラクチャー

　インフラストラクチャーはビジネスが行なわれる方法から道路事情，一般的な輸送システムまでも含み，経済発展や生活水準の改善にとっての前提条件とみされる．したがって，正確な情報やアドバイスを提供する部門が，進出国の大使館などに設置されているかということも重要である．

　⑧　通貨

　海外と取引する場合は，自国通貨と異なった通貨を使うこともあり，そのため場合によっては為替相場の変動により利益がなくなることもありうることを充分考慮する必要がある．

　このように列挙しただけでも，海外でのマーケティング戦略の立案・実行に際しては，多くの点が考慮されなければならないことがわかる．国内マーケティング活動と比べ複雑かつ多様な問題が存在する．

2　わが国のビジネス環境の変化

　輸出マーケティング，あるいは海外マーケティングという言葉は，現地生産ではなく，資源・原料を輸入して加工し，そして海外で売るという貿易取引を指している．日本の場合，資源が乏しく，原料を輸入して国内で生産し，余剰商品を海外に売るということから今日の海外取引の原型が出来上がったといってもよい．

　国内の需要が満たされてくると，海外へ輸出することになるわけだが，海外の市場についてよく調べ，熟知していなければ輸出が伸びない時代になってい

る．相手国の市場のニーズを満たすような物を作ることが，マーケティングの基本的な考え方である．

戦後から今日に至るまで自国製品が売れるように努力をし，輸出をしてきた結果，わが国の貿易黒字が累積したが，このことが海外からの批判を受けるようになり，1971年には国際収支の改善のため円の切り上げが行われた．輸出先の国の業者のことは考えず，自らがもうけることができればよしとする利益追求型の原理が働く無秩序の輸出が見られた．

そこで，こうした状況を改善するため，秩序ある輸出（Orderly Marketing）の必要性が提言されることとなった．かつての「安かろう，悪かろう」という日本製品のイメージは今や一変し，「メイド・イン・ジャパン」は高品質の代名詞となり，輸出は順調だといえる．ただし，一企業にとっては好ましいことであっても，全体としてみると，進出した国の業界そのものをなくしてしまうような影響力を持つこともある．例えば，アメリカにおける繊維産業やカラーテレビの製造は，日本企業の進出により，経済的に大きな打撃を与えられた．世界の国々が共に発展していくためには，ビジネス環境の変化を歴史的な視点で分析し，国際マーケティングが果たす役割について考えてみる必要がある．

第3節　国際マーケティングにおける4つのP

4Pの概念はマッカーシー（E. Jerome McCarthy）[4]によって提唱され，それをさらに発展させたのはコトラー（Kotler）[5]である．また，国際マーケティングの研究者であるキーガン（W. J. Keegan）[6]は，これにProbe（調査）を加え5Psと呼んでいる．これらの4Pは一般的にマーケティング・プログラムと呼ばれているが，これらの概念は市場の販売者の視点に立ったものであり，購買者の視点には立っていない．購買者の視点に立てば，今日では4Pは4C（Customer solution, Customer cost, Convenience, Communication）[7]に置き換えたほうが良いかもしれない．

1　製品（Product）

　国際マーケティングにおける製品戦略に関しては標準化や現地への適応化が長く議論されている．つまり物によっては世界的に同じ物が売れることもあれば，若干現地向けの修正を加えなければならない物，あるいはまったく変えなければならない物もあるということである．したがって主観や常識によって戦略を立案，実行することは大変なリスクを伴なう．使用できるデータに基づいて正しく判断することは，たとえそれが正確なデータだとしても非常に難しく，正しい判断ができるという保証もない．現実的な問題としてすべての国に対し，個別の戦略を考えることが難しいことはいうまでもない．そこで世界をいくつかのブロックに分ける分析がよくみられる．

　ブロックの分け方としては，地理的に近いものをブロックとするのが普通であり，おおむね，近隣諸国をとりまとめることになる．こうした分け方に基づいた同一ブロック内では，気候・風習・宗教などが似通っているため，ある程度有益であると言える．ただし問題は，同じ地理的ブロック内でも，所得水準や価値観が異なることが多いことである．また，地理的には離れていてブロックが違っていても，共通点がある国もある．そのため，地理的尺度ではなく，国民所得を中心にすえたマクロ的な分析が必要となってくる．こうした分析に有効な市場の細分化にはつぎの4つの区分法[8]がある．

① 購買者を製品あるいは製品属性に対する知識・態度・使用・反応などによる区分（行動変数）
② 市場を年齢・性別・家族構成・家族ライフサイクル・所得・職業・教育・宗教・人種・国籍などに基づく区分（人口統計学的変数）
③ 市場を社会階層・ライフスタイル・パーソナリティなどによる区分（心理的変数）
④ 市場を国・地域・都市・市町村のように異なる地理的単位での区分（地理的変数）

　一般に，生産財よりは消費財のほうが現地適応をしなければならないだろうし，食品のような非耐久消費財は，より現地の嗜好に適応させねばならないと

いえる．しかしながら，スターバックスコーヒーのように現地に適応させることなく，本国と同様の戦略で成功するという事例も見受けられる．

一方，P&G の紙おむつの場合は，初めて日本市場に上陸した時は，袋も大きく，説明も英語という標準化戦略を採用した．しかし，日本人の母親は紙おむつをよく変えるということと，大きな袋を保管するような場所を持たないという日本の家屋事情を知らなかったため，販売に失敗し，適応化の必要性を痛感することになった．

2　価格（Price）

価格戦略は一般的に標的市場での価格水準に依存するが，最終的にはマーケティング・ミックス全体において海外の価格がどの程度であるかによって決定される．

パソコンも市場に出始めた頃は数十万円であり，当時の月収その他から考えるとかなり高額であり，高級品であった．今日では，種々の機種が販売され，それに応じて価格も様々である．このように品質と価格の組み合わせは様々であり，輸出をする場合には，その他，関税，輸送費などの問題も価格戦略を考える際には重要である．

さらに，国際マーケティングでは，先ほどの国内マーケティングとの違いで述べたように，異なった通貨が使用されることによる為替相場の問題も発生する．その他，海外との取引では，価格の構成，つまり輸出国にある工場で買い手が受取るときの価格なのか，あるいは買い手のオフィスまで持ち込む場合の価格なのかといった価格の取り決め方も考えなければならない．

また，価格設定の方法には，売手側から見たコストプライス方式と，買手側から見たエンドプライス方式がある．コストプライス方式では，F. O. B. あるいは C. I. F. 価格に必要な経費をプラスして価格が決まるが，これらはあくまでも売手志向であり，買手の意向を無視した価格設定である．エンドプライス方式では，買手が支払える価格をデータから分析し，そこから経費を引いて価格を決定するという逆算方式になる．情報化の進んだ今日では現地の情報を入

手することはそれほど困難なことではないが，価格を算定した結果，輸出ではなく現地生産の可能性を検討をすることになることもありえる．

　これだけではなく，製品にはライフサイクル（導入・成長・成熟・衰退）があり，この点も価格の決定においては考慮する必要がある．売り出そうとするその市場で，同じような商品が売られており，ライフサイクルでいえば衰退の時期にきている商品に高い価格を設定しても売れないのは至極当然のことである．

　　3　流通（Place）
　つぎに問題となるのは流通であるが，二つの面からの検討が必要である．一つは商品を物理的にどう輸送していくのかという物流と，もう一つは流通経路の問題である．当然，直接輸出することができれば，中間業者に払うマージンがなくなり，その分価格の面で安くすることができる．しかし，十分な現地情報を持たないメーカーにとって，直接輸出は大変なリスクを伴うことになる．総合商社のように充分な海外取引のノウハウを持っているところでは，どのようなルートを使って商品を販売すべきかという点などに熟知しているが，商社に比べて経験の少ないメーカーは，この点で大きなハンディキャップを背負うことになる．自前の販売経路を構築するには多額の投資が必要であり，ひとたび確立すれば簡単に撤退することもできなくなる．

　また，商品をどのようにして運ぶかという問題，あるいはどの輸送経路を使うのかということも重要である．例えば，日本からオランダのロッテルダムまで商品を運ぶ場合，総距離数はほとんど同じであることから，スエズ運河を経由するのか，あるいは太平洋を船で渡り，アメリカをトラックで横断してまた船でヨーロッパに輸送するのか，という問題が出てくる．もちろん，このような選択の余地が出てきたのはコンテナ船が出現したからである．

　空輸は，長い船旅に耐えられる水準まで梱包する必要がないので，荷造り費用はより安くなり，運賃，保険料も船便の輸送より破損の可能性が低いために安くなる．空輸は急速に伸びている国際輸送手段であり，特に，腐敗しやすい

表12-1 キーガンによる国際マーケティングの5つの戦略からの適用

戦　略	プロモーション	製　品	
1．修正なし	同様の	同様の	（例：ソフト・ドリンク）
2．製品適応	同様の	異なる	（例：自転車）
3．用途別適応	異なる	同様の	（例：ガソリン）
4．二元適応	異なる	異なる	（例：グリーティングカード）
5．新製品開発	発　明		（例：手動式洗濯機）

（出所）Keegan (1995)

商品や重量が軽い割には高価格である商品に適している．

4　販売促進（Promotion）

　プロモーション戦略は，商品をどのように消費者に伝えていくかというまさにコミュニケーションの問題である．より正確なコミュニケーションをはかることが大事であるが，異文化間のコミュニケーションでは，異なる価値観やものの見方により，意図したものとまるで異なったメッセージになる可能性があり，細心の注意を払う必要がある．

　メディアによる広告，販売時点プロモーション，見本市やダイレクトメールなど国際的な販売促進には多くの方法がある．国際的プロモーション活動でもっとも重要な側面は，標準化に関する方針である．この点についてキーガンは，販売促進と製品の両面における国際マーケティングの5つの戦略を提言している（表12-1参照）．

第4節　海外進出の形態

　海外取引というのは，まず貿易取引から始まるが，これには直接貿易と間接貿易があり，中間業者を介在した輸出は，当然，価格が高くなるが，相手国の市場に不慣れな場合は，商社を通じた販売は得策と言えるであろう．しかし今日では，直接取引のメリットが多くなり，直接投資（現地生産）も盛んになってきている．ここでは，貿易取引から，現地に販売拠点を設けたり，さらに進

んで現地生産に至るまでの海外進出のプロセスを取り上げる．

1　輸　　出
①　間接輸出

代理店は，国際マーケティングにおいておそらく最も一般的に使われるタイプの中間業者である．代理店は輸出企業に代わって活動をし，注文を取り付け，それに対して合意した割合の手数料を受け取る．

海外市場で販売を行なおうとする輸出企業にとっては，現地の市場や取引事情を知っている代理店を通じて，比較的低コストで事業を行なう事ができるため，便利な方法ではあるが，どのようにしてその企業の製品を販売するかということに関するコントロールをある程度失うことにもなる．もし代理店が他の企業とも取引を開始するようになると，販売に対しての熱心さが，最初に取引関係にあった企業の製品だけを扱っていた時に比べ，劣ることになる．

②　販売業者

販売業者は単純な代理店から始まる一連の形態の中で，最も複雑なものである．実際にメーカーから製品を買い付け，販売することになるが，場合によっては荷造りや宣伝媒体の製作を行なったり，サービス上の便宜を図ったり，予備の部品の確保までの機能を果たすこともある．

輸出企業にとっての不利な点は，どのように製品が市場で販売されるかということに関する権限がなく，利益幅が少ないことである．なぜなら，販売業者は製品を受け取った時に支払いをし（契約の一部である場合），その後追加の倉庫保管やサービス機能を果たすという点において，代理店よりはるかに多くの仕事をしているからである．しかし，一つの国で有効な販売方法を確立しておくことは，輸出企業が他の海外市場に目を向ける余裕を産み出すことになる．

③　直接輸出

海外支店あるいは子会社を設立する方法には，組織をほとんど変える必要がないという利点がある．また，経営陣がよりグローバルな観点で責務について

考えるようになれば，販売やマーケティングに対して本社がコントロールすることができる．しかし，欠点は経費が高く，相手国の状況変化により生ずるリスクがあり，本社と海外支店の物理的距離が大きく，本社が推し進めるポリシーに誤解が生じる可能性があるということである．

2　ライセンス契約

　外国企業に使用料と引き換えに，製造技術，特許，商標，デザインなどの使用に関する権利を提供することがライセンス契約である．

　海外で製品を生産し，販売するために，外国の企業とライセンス契約を結んだり，フランチャイズ制を認めることもある．ライセンス契約の利点は，少ない投資額で迅速に海外進出できるというリスクの低さにあるが，長い目で見ると，直接輸出より利益が少なく，もしライセンス契約で生産された製品が期待にそぐわないものであった場合には，企業の国際的な評価が低下するという欠点がある．

3　直接投資

①　ジョイント・ベンチャー

　現地の企業と取引関係を形成するもので，ある市場では輸出企業が合法的に事業を行なえる唯一の方法がジョイント・ベンチャーである．また，補完的な製品やサービスを提供する二つ以上の企業が共同で市場に進出するために，製品やサービスのジョイント・ベンチャーを形成する場合もある．これは，自力でジョイント・ベンチャーを行うための経費を全額負担できない小さなメーカーに特に向いているといえる．

　現地企業にはその市場での取引や事業のやり方のノウハウがあるので，海外市場への進出がより容易で効率的なものとなる．また他のメーカーの製品も販売している販売業者に比べて，献身的になってくれる傾向がある．これらの利点に反し，ジョイント・ベンチャーのパートナーが競争相手になる可能性もあり，利益配分や経営上のコントロールなどの点で不和を招く可能性もある．

② 買収

もし資金が十分あれば，既存の企業を買収することも可能である．100％の企業取得であろうと，利益の管理であろうと，協力を保証する最小の利益であろうと，その企業が既に市場にあるということが重要である[9]．

③ 自営企業

直接投資の最終的な形態は100％自己資本の現地生産である．わが国の場合は，直接輸出や商社を使った間接輸出，また代理店を経由して販売の経験を積みながら，現地生産に移っていくというプロセスが一般的である．

第5節　現地化とコミュニケーション

　海外進出の究極の形態が現地生産とすると，これをより効果的にするためにはコミュニケーションの問題が大きな課題の一つとなる．日本の本社で世界各地から代表者が集まり，会議を開くことになれば，その際の使用言語は今や英語である．このように社内言語が英語になりつつあるが，まだ現時点では十分に英語でコミュニケーションを行える日本人は少ない．

　現地生産の場合，初期の段階では多くの日本人が派遣されることになる．その後は，もし誰もが十分に英語でコミュニケーションをはかることができれば，派遣する日本人の数を少なくすることができ，大きな費用節約になる．これは当然価格に反映されることになる．このように考える現地の日本人トップも多く存在しているが，現状では実施するにはかなり問題がある．現地子会社の社内での問題の一つは，日本人の英語力の不足であるといわれている．ある程度語学ができたとしても，コミュニケーションの難しさを多くの人が痛感している．ある企業の現地子会社の日本人マネージャーは，通訳を介してのコミュニケーションも意思疎通の点で十分とは言えず，間違った内容が伝わっている可能性もあるのではないかという感想を持っている．

　また，コミュニケーションの問題は，言葉の背景にある意味を理解しているかどうかという問題にも関わってくる．なぜならば，コミュニケーションの成

否は，異文化理解の程度に左右されるからである．したがってこうした理解を深めるためには，表12-2のような文化的多様性のメリットとデメリットを熟知しておくことが必要である．例えば，現地の日本人マネージャーを対象に行われたある調査は，多くの人が本社に対して，最も強いコミュニケーション・ギャップを感じているということを明らかにしている．海外に拠点を設けるほどの企業であれば，本社における海外担当者は海外の事情通であることが想定されるが，実際には，本社・海外子会社間のコミュニケーションには多くの困難が潜んでいるようである．こうした本社および子会社の日本人マネージャー

表12-2　文化的多様性のメリットとデメリット

メリット	デメリット
異文化シナジィーのメリット： マルチカルチャー主義から組織が得る利益	文化的多様性のデメリット： マルチカルチャー主義が引き起こす組織的コスト
意味の拡大 　多様な視点 　新しいアイディアに対してよりオープン 　多様な解釈 選択肢の拡大 　創造性の増大 　柔軟性の増大 　問題解決スキルの増大	多様性は 　曖昧さ 　複雑さ 　混乱を増大する 意味の統一が困難になる 　コミュニケーション・ミス 　1つの合意に達する困難性 行動の統一が困難になる 　具体的行動への合意が困難
特定の文化に関するメリット： 特定の国や文化と仕事をする場合の利益	特定の文化に関するデメリット： 特定の国や文化と仕事をする場合のコスト
外国人従業員に関するより良い理解 特定国の顧客により効果的に仕事をする能力 特定国の顧客により効果的に販売する能力 外国の政治，社会，法律，経済，文化の環境に 　関する理解の増大	極端な一般化 　組織の政策 　組織の戦略 　組織の慣行 　組織の手続き 本国志向主義

(出所）Adler, N. J., International Dimensions of Organizational Behavior（江夏健一，桑名義晴監訳『異文化組織のマネジメント』マグロウヒル，1992，p.97)

とのコミュニケーションの問題，また，日本人マネージャーと現地人従業員とのコミュニケーションの問題は，日本企業がこれから解決しなければならない大きな課題の一つである．コミュニケーションの問題が非常に重要であるという意識改革なくしては，より効果的で効率的な現地生産を実現することはできない．

第6節　おわりに──国際マーケターに求められるもの

　以上述べてきたことを理解した上で，さらに国際マーケター（マーケティングを仕事とする人々）に求められるものとして以下のことを付言したい．これはあらゆる面で言えることであるが，現時点での環境，つまり，競争環境や経済環境などは刻々と変化するものであるということを忘れてはならない．レーバーコストやレーバー・クオリティの点で有利だと判断し，アジアに進出した企業の中にも，価格の面で中国企業に対し優位性を維持出来なくなり，撤退を余儀なくされた企業もある．国内外を問わず，マーケターは，常に世界情勢に高感度でなければならない．繰り返しになるが，国際マーケターには，コミュニケーション能力を持っていることのみならず，グローバルな視点に立って，地球環境問題，企業の社会責任さらにはビジネス倫理などにも強い関心をもち，学び続ける姿勢が求められる．

1）　Cateora, Philip R., *International Marketing 9 th ed.*, Irwin, 1996, pp. 6～7.
2）　Cateora, Philip R., 1996, pp. 18～19.
3）　Terpstra, Vern, The cultural Environment of International Business (Cincinnati : South-Western Publishing, 1985), pp. 45–48.
4）　MaCarthy, E. Jerome, *Basic Marketing*, R. D. Irwin, 1960.
5）　Kotler, P. and Armstrong, G., Principles of Marketing, 9th ed., Prentice Hall, 2001, p. 67.
6）　Keegan, W. J., Global Marketing Management, 7th ed., Prentice Hall, 2002, p. 4.
7）　Lauterborn, Robert, "New Marketing Litany : 4 P's Passe ; C-Words Take

Over," *Advertising Age*, October 1, 1990, p. 26.
8) Http://www.global-eye.co.jp/home/theme/0103/mon 03_04.htm
9) Bradley, F., International Marketing Strategy, Prentice-Hall, 1991, pp. 319-326.

参 考 文 献

Geoff Lancaster & Paul Reynolds, *Marketing*, Macmillan Press LTD, 1998

執筆者紹介（執筆順）

石川 和男	〔第1・7章〕	専修大学商学部教授
金 英信	〔第2章〕	韓国松源大学校兼任教授
三浦 俊彦	〔第3・4章〕	中央大学商学部教授
奥本 勝彦	〔第5章〕	中央大学商学部教授
清水 聡子	〔第6章〕	松本大学総合経営学部教授
丸谷 雄一郎	〔第8・10章〕	東京経済大学経営学部教授
保田 宗良	〔第9章〕	弘前大学人文学部教授
長尾 晃宏	〔第11章〕	名城大学経営学部教授
林田 博光	〔第12章〕	中央大学商学部教授

マーケティング概論

2004年9月5日　初版第1刷発行
2015年7月10日　初版第4刷発行

　　　編著者　奥本　勝彦
　　　　　　　林田　博光
　　　発行者　神﨑　茂治
　　　　　　　東京都八王子市東中野742-1
　　　発行所　中央大学出版部
　　　　　　　電話 042(674)2351　FAX 042(674)2354

©2004　奥本勝彦・林田博光　　　電算印刷・渋谷文泉閣

ISBN 978-4-8057-3128-4